なんでも英語で言えちゃう本

青木ゆか

はじめに

英語がペラペラな人たち だけが知っている秘密

この本は、「英語で表現できない言葉をなくす方法」を書いた本です。

「そんなことはありえない！」と思うかもしれませんね。

それも無理はありません。

なぜなら、英語を話せるようになりたいと思っている人のほぼ全員が、英語力は単語力と言われ続け、単語を知らないから自分は話すことができないのだ、と悩んでいらっしゃるからです。

でもそれは誤解なんです。逆に、英語を話せる人も、「すべての単語を知っているわけではない」のです。

例を挙げて考えてみましょう。

たとえば、「そんなの常識だよ」というフレーズを、英語でどう表現しますか？

「常識」を英語にしようとして、固まる。

3

ペラペラな人なら、「常識」という単語を知っていて、こんなときすっとそれを使って表現できるんだろうな……。

　そう思っている方、とても多いと思います。

　しかし、驚きの事実。

　英語がペラペラな日本人に聞きました。
「常識って単語、ぱっと出てくる？」
　彼らの答えは……

「え？　そんなの知らないよ」

　……。ええ、驚きの事実です。

　そんなこと、あるわけない！　と大声で叫び、走り出したくなる気持ちもわかります。

　しかし、落ち着いて考えてください。

　ペラペラな彼らは、その単語を知らないにもかかわらず、どうやって「常識」を伝えているのでしょうか？

「Everybody knows it.」
（みんな知ってる。それ）

　そんな言葉で表現してくれたバイリンガルがいまし

た。

　そう。彼らは「常識」を「言い換え」て、自分が伝え
たい「本質」をあっさり伝えているのです。そこには、
難しい単語も熟語も、入ってはいません。
　言いたいことを伝えるのに必要なのは単語ではありま
せん。ある「考え方」だったのです。「本質をついた言
い換え」には、コツがあります。

　私は現在、自ら考案した「捨てる英語術」というメ
ソッドを広める活動をしています。
　「捨てる英語術」とは、英語にコンプレックスを持つ人
のための、辞書に頼らずに「自分の力で伝える」という
ことを体系化したメソッドです。
　英語にコンプレックスを抱く日本人は、英語を話すと
き、「いつも知らない単語だらけ」という悩みを抱えて
います。このメソッドは、学校教育やこれまであたりま
えとされてきた学習方法とは違い、「正解ありき」の教
え方ではないことに特徴があります。つまり、常に「引
き出す」ことに重点を置き、「自分の力で言葉を紡ぎだ
すことで自信をつける」という視点で生まれたものなの
です。

　本書でくわしくお話ししますが、この「捨てる英語術」

は、「8割捨てる」「大人語を捨てる」「抽象語を捨てる」「直訳を捨てる」という4つの柱からなる考え方です。

　個人の方向けには「すてる英語くらぶ」というコミュニティーを運営し、お教えしているほか、数多くの企業で講演の機会をいただいています。そのほとんどが、海外での実務を多くこなしてこられた役員の方々のご尽力によって実現したものです。そして、この方々は最後のあいさつで、「私が長い海外生活で得てきたものは、まさにこのメソッドでした。これを言語化・体系化し、部下たちに伝えてもらえたことは、とても有益だったと思います」と、異口同音におっしゃるのです。

　上級者の方々には見えていて、あたりまえのように存在するがゆえに、「学んでいる途中」の方にはなかなか見えないもの。それが「捨てる英語術」なのだと、新たな確信が生まれました。

　そして、もともと英語コンプレックスを持ち、単語力に絶対的な不安を抱えていた私は、「捨てる英語術」を自分で身につけてから人生が激変しました。

　いつもおどおど英語を話していたはずが、外国人の友達とガールズトークで笑い合い、英語を使いこなしながら、ビジネスを行うまでになりました。

　そして、「絶対に話せない」という確信（？）を持っ

ていた生徒さんに、この「コツ」を伝授すると、「話せない気がしない！」と英語に対するモチベーションが一気に上がりました。

　そう、「**話せない（と思い込んでいる）人**」が、「**話せる人**」に変わるための方法。これが私の教えてきたことであり、この本の中身です。

「話せないと思い込んでいた人」たちを「話せる人」に導いてきた経験から、言えることがひとつあります。それは、「**英語を話せない**」という思い込みから解放されると、その人の考え方やものの捉え方、そして仕事の仕方までが、劇的に変わってしまうということです。

「英語が話せるようになるだけで仕事の仕方が変わるなんて、大げさな……」と思われるかもしれませんが、本当です。

「仕事において、自分がいかに間違った視点を持っていたかに気がついた」
「ものごとを簡単にあきらめなくなった」
「仕事との向き合い方が変わった」
「前向きになった」

　これらは私の生徒さんが発した言葉の一部です。なぜ、英語が話せるようになるだけで、仕事との向き合い方が変わるのでしょう。

くわしくは本書でじっくりとお話ししますが、一言でいうと、**「英語を話せるようになる過程で使うノウハウが、仕事に応用できる」**から。この英語の「コツ」を知れば、何が本質で、何をするべきかに、常に焦点を合わせるようになるのです。

　英語は「単語力だけが問題」と思われがちですが、知らない単語も「考え方」ひとつで驚くほど豊かに表現できるようになります。

　「自分の英語力でこんなに表現できるんだ！」という驚きとともに、英語という武器を持った、自信にあふれる日本人をたくさん増やしたいという思いを込めて、この本を書きました。

　本書が、あなたの世界を少しでも広げる助けになってくれたら……。

　そう願ってやみません。

青木ゆか

もくじ

はじめに
──英語がペラペラな人たちだけが知っている秘密 ·············· 3

第1章

だからあなたは話せない

1 話せない人は、こんな人 ·············· 14

①「正解」至上主義
②TOEIC勉強オタク
③辞書がないとダメな人

2 いますぐ捨てるべき、その信念 ·············· 19

①✕「英語話せたらかっこいい」
②✕「間違えたらカッコ悪い」
③✕「"雰囲気"まで伝えなきゃ！」
④✕「100点の表現があるはず！」

第2章

すべてのペラペラ人が、なんとなく知っている事実

1 「ペラペラ」の定義を見直す ·············· 31

2 ペラペラとは、「言い換える力」である ·············· 36

3 "言い換え"の視点を持つ ·············· 39

第3章
英会話は、"3語"でできる!

1 「3語」とは、何か ———————————————— 46

2 中学英語の復習は、ここだけでOK ———————— 49

3 「3語」の意識でこんなに話せる! ———————— 54

   column 英語思考力開発メソッドとは?

4 3語で話すための、「捨てる英語術」 ———————— 60

   ①8割捨てる

   ②大人語を捨てる

   ③抽象語を捨てる

   ④直訳を捨てる

第4章
3語で解決するための、3ステップ

■ **基本ステップ1　イメージを描く** ———————— 71

■ **基本ステップ2**
日本語①→日本語②→英語で考える ———————— 78

   ①ざっくりパターン → 主語と動詞を意識する

   ②難しい単語パターン → 日本語をほぐす

   ③迷子パターン → 文章を短く分けてみる

   ④こだわりパターン → え! そんなに省略しちゃうの? くらい削る

基本ステップ3　主語と動詞を探す ………… 94

①主語を探す――イメージと「3つの視点」
②動詞を探す――大人語はとことん捨てる

応用ステップ
それでも厳しいときは、"セリフ"にしてみる ………… 105

column こんなアドバイスは、いらない ………… 108

✕とにかく単語量を増やしなさい／✕単語帳をつくりなさい／✕辞書機能を駆使しなさい／✕まずフレーズ本を暗記しなさい／✕文法は、とにかく最初にマスターしないと！／✕映画を字幕なしで見なさい／英語は英語で考えなさい

第 **5** 章

実践　なんでも英語で言っちゃおう

- 日焼けしたね〜！ ………… 124
- お盆だから激混みだよ。 ………… 129
- ちゃんとしろよ！ ………… 133
- ベテランですね！ ………… 138
- 役目を終えた。 ………… 143
- 質問があれば、遠慮なくお願いします。 ………… 147
- 弊社は品揃えが豊富なことが特徴です。 ………… 151
- 代理店を通さず、別ルートで商品を卸せますか？ ………… 156
- 新しい社員を雇用する。 ………… 160
- 返金されます。 ………… 164
- 週末は予約が空いていない。 ………… 169
- 競争は激しくなる。 ………… 173
- 新しい事業連合が始まります。 ………… 178
- 電話をおつなぎします。 ………… 182
- 彼、今週は都合が悪いのです。 ………… 186

- ・この曲、懐かしい。 ……………………………………………………………… 190
- ・同窓会に行った。 ……………………………………………………………… 194
- ・デザートは、別腹です。 ……………………………………………………… 198
- ・これ、日持ちしますか？ ……………………………………………………… 203
- ・寝台特急に乗りたいのですが。 …………………………………………… 207

「おわりに」に代えて
── 本当は、英語力は問題じゃない …………………………………… 211

1 本当に大切なのは何か？ ……………………………………………… 211

2 「英語を話す」ではなく、
「信頼を得る」をゴールにする ……………………………… 216

本当の「おわりに」 …………………………………………………………… 221

文庫化に寄せて …………………………………………………………… 225

イラスト　中村勝紀（TOKYO LAND）

第 1 章

だからあなたは
話せない

1 話せない人は、こんなひと

1 「正解」至上主義

　学生のときの英語の成績は優秀だったのに、「話す」という段階になると苦しんでいる生徒さんが、多くいます。大学で英文科を出たのに話せない！　という方も、非常に多い気がします。

　英語が得意で、高い点数を取ってきた。文法の知識も人並み以上にある。なのになぜ、話せない！　と思い悩むのでしょうか？

　彼らと話していて気がついたのですが、彼らには口癖があります。
　それは、「**これって、正しいですか？**」。
　そして、ちょっとでも「正解じゃないかもしれない」という疑念が浮かぶと、頭に浮かんでいる英語を絶対に口にしようとはしません。

「正解じゃなきゃいけない」
「完璧に正しい英語をしっかり組み立てるまで、相手に

伝えてはいけない」

　常に優秀で、「点数を取る」ということに長けている
がゆえに、会話をするうえでも「正解を取りに」いって
しまう。そこにある信念は、「100点を取れる完璧な表
現があるはず！」というものです。

　しかし、悲しいことにテストでいい点数を取るための
「正解」と、英語を話してコミュニケーションをとるう
えでの「正解」はまったく別物です。
　テストでの「正解」の基準は、「100点を取れるミス
のない英語かどうか」。
　しかし、**英語でコミュニケーションをとるシーンでの
「正解」の基準は、「相手に伝わったかどうか」**。
　テストでの「正解」至上主義では、話せません。

2 TOEIC勉強オタク

　先日、勉強会で、Oさんという方にお会いしました。
「すてる英語トレーナーです」と自己紹介をしたら、「ど
うやったら、英語って話せるようになりますか!?」と、
胸ぐらをつかまんとする勢い。
　しかし、よくよく話を聞いてみると、どうやらOさ
んは、TOEIC850点を持っていました。

第**1**章　だからあなたは話せない

この O さん、おそらく 900 点を取っても、自信は持てないんだろうな……と、なんだか悲しい気持ちになりました。

　お話の節々に、「私は話せない。だから、これくらい話せる人です！　というお墨つきが欲しい」という想いがちらついていました。

　彼女の問題点は、「他人からの評価に頼っている」というところ。

　TOEIC でどんなに高い点数を取っても、「自分の伝えたいことを伝える練習」をしなくては、なかなかスピーキングは上達しません。それなのに、自信がないからこそ、この「点数」にこだわり続けて、勉強をしてしまう。

「こんなに勉強してるのに……」

　こういう負のループにはまっている方、本当に多いんです。

　TOEIC の点数を、ある程度までの目安にすることはとても有意義だと思います。

　ただ、それを「ゴール」にしないほうが、うまくいく

こともある。目標の点数をある程度達成したら、一度手放してみるのも、とても大切なことです。

3 辞書がないとダメな人

「英語を話すときは、必ず辞書を片手に話しています」

と、話しの流れと、聞き手そっちのけで辞書にかぶりつき。**単語を見つけたころには、何の話をしていたのかすら忘れてしまいます。**

これは電子辞書でも同じ。コミュニケーションを完全に分断して、正しい単語を使うことだけに固執する。これでは当然、会話は成立しません。

「あれ？　『仮の提案』って、何ていうんだろう……？」

と、2つの単語が合わさった表現だったりすると、事態はさらに悪化します。「仮」と「提案」を別々に調べる必要があり、時間は刻々と過ぎていくのです。たまたま、調べた単語が辞書に載っていなかったら、どうなってしまうのでしょう。

辞書だけが頼みの綱だったにもかかわらず、これが機能しないことで、完全に思考が止まってしまいます。

「もうダメだ……」
「やっぱり、英語なんて話せないんだ……」と。

　こういう経験のある方、とても多いです。そして、その結果自信をなくしている方も。
　辞書なしで、いかにその場を乗り越えていくか。そのマインドを持ってみてください。

2 いますぐ捨てるべき、その信念

1 ×「英語話せたらかっこいい」

「英語って、話せるとかっこいいじゃないですか〜」

高校生のときの私の発言です。このころの私の口癖は、「とにかくペラペラになりたい」でした。

でも、この「かっこよさ」はどこからくるのでしょうか？
どうして、英語を話せない（と思い込んでいる）多くの日本人は、英語に「かっこよさ」を感じるのでしょうか？

日本において、**英語は恐怖の象徴**です。やってもやっても使えるようにならないもの。自分の無能を見せつけられてしまう大きな壁。それが英語に抱くイメージ。
だから、それを乗り越えた人たちは、みな「かっこよく」映るのでしょう。

19

英語を学ぶうえで、「かっこよさ」を追求してしまうと、苦しいだけです。英語は「ツール」と割り切る。

　周りの目から自分を解放してあげてください。

2　✗「間違えたらカッコ悪い」

　書店に行くと、「日本人がおかしな英語を話して笑われた」という類の本が多く置いてあります。こういった本は、エンターテインメントとしてはとても楽しいものですよね。

　しかし、この本を読みながら、みなさんはある信念を強くしてしまっています。

　それは、「**こんな間違い、しちゃったら恥ずかしすぎることなんだ**」という信念。

　間違い＝恥。
　笑い物にされる→沈黙は金

　という思考です。

　これは気がつかない間に、みなさんの心にブレーキをかけています。そして、**英語を話す目的を見誤らせてしまっている**のです。

　先日、ある雑誌で、英語を使いながら国際的に活躍し

ていらっしゃる日本人の英語を採点するという特集が組まれていました。ネイティブの方が採点していたのですが、名だたる経営者たちの英語の点数は、もちろん全員満点ではありません。それでも十分グローバルで活躍し、伝えたいことは伝えられています。

「間違えたらカッコ悪い」と尻込みして100点を取れるようになるまで話さない！　と決めている人と、間違ってもいい。それでも伝えようとし、そして活躍する人。

あなたはどちらになりたいですか？

3　✕「"雰囲気"まで伝えなきゃ！」

日本語の持つ「ニュアンス」まで大事にしてしまった結果、英語に変換するときに、「そのまま」でないと納得がいかないという人がいます。

国が違う。文化が違う。となったら、どんなに言葉を尽くしても、「100%同じ見え方」になることは不可能です。

ニュアンスに固執するあまり何も言えず、相手にひとつもイメージを与えられなければ、一歩も前に進めません。

先日、「すてる英語くらぶ」のイベントで、こんなお

題を出しました。

「足を崩してください」

　そのときは浴衣だったので、最初は正座で過ごしたのですが、これがなかなかきつい。外国の方をいろいろなところにご案内するときに、この表現はよく使うかな？ということで、各自表現を考えてもらいました。

　そのなかで、「崩す」という言葉のニュアンスまで伝えようと思うと、もう一言も言葉は出てきません。そこで、アドバイスをしながらいろいろな表現に言い換えていき、日本語もわかるネイティブの先生に「伝わったか」「伝わらなかったか」の判定をしてもらいました。

　そのなかで、この表現は「伝わる！」と判定されました。

Please relax your legs.
（足をリラックスさせてください。）

　ニュアンスまで伝えなくては！　と固執してしまうと、なかなか出てこない表現です。

　足を崩す→リラックス

そっか！　こんなことでいいのか！　と膝を打ちました。

相手が思い描けるイメージの完璧さにこだわらず、自分の許容範囲を少し広げてみる。すると、コミュニケーションが驚くほどに円滑になります。

自分の目的を常に見定めて、「コミュニケーションをとっている」ということを意識してみてください。そういう柔軟さが、英語には必要だったりするのです。

4 ✕「100点の表現があるはず！」

生徒さんのなかに、非常に優秀な方がいらっしゃいます。

アジアに旅行に行って、タクシーの運転手さんに「日本人？」と聞かれ、とっさに「どうしてわかったの？」と会話を続けようとしました。

彼女が発した言葉は、「How do you distinguish between Japanese and Chinese?（日本人と中国人をどうやって区別するの？）」というもの。完璧な英語です。

しかし、タクシーの運転手さんは、「え？」と理解していない模様。

どうやら、distinguish（区別する）という単語を知らなかったようだと、その生徒さんはおっしゃっていまし

た。**相手が第二外国語で英語を話す場合、これはよくあるケース**です。

しかし、もし、彼女もとっさにこの単語が出てこず「区別するってなんだっけ……？　習ったのに！　あ～！　出てこない！」と、止まってしまったとしたらどうでしょう？　「正解」に固執するあまり、会話はできないまま。

さらにやっとの思いでその単語を思い出したところで、タクシーの運転手さんには伝わりません。

「正解」を取りにいく癖がある方に、ぜひ覚えておいていただきたいこと。

それは、**100点を取れる表現を言えたところで、伝わる可能性は100%ではない**ということ。

柔軟に、「伝える」というところまで忍耐力を駆使する。100点かどうかにこだわるのは、「自分目線」。相手のことを考えて、待たせることなくどんどん伝えていくのが「相手目線」です。

「コミュニケーションをとっている」ということを常に意識して、100点を取りにいくことに時間をかけるのではなく、柔軟に伝えていくことを考えてみてください。

ちなみに、先ほどの生徒さんは、distinguish（区別する）がわからない運転手さんに向かって、

24

「How do you know?（どうしてわかったの？）」

と言い直したとのこと。

そのシーンで伝えられる表現、自分が使えそうな表現に意識を集中すると、自由な発想と切り返しを手に入れることができます。

完璧主義であることは、スピーキングにおいては何よりも遠回りなのです。

第2章

2

すべての
ペラペラ人が、
なんとなく
知っている事実

あの人、本当に英語ペラペラだよな……。

　そんな同僚に、「ペラペラになる秘訣ってあるの？」
と聞いたあなた。

「何もないよ。とりあえず、しゃべることじゃない？」

　何の解決にもならない答えを返されて愕然とします。
「それができないから、困っているんじゃないか！」

「そうだなあ……。まずは、英語を使う場をつくること
じゃない？　毎日話しているうちに、できるようになる
よ」

　そう。**「英語ペラペラな人」**は、**「答え」**を教えてはく
れません。「彼らが何をしてきたのか」ということは教
えてくれるかもしれませんが。

　なぜなら、彼らも気がついていないからです。

　彼らには「経験値」というふわっとした感覚だけがあ
ります。それを人に「伝えられる」ところまで具体的に
わかってはいません。「なんとなく」身につけたものを、
人に伝えることは難しいものです。

　ましてや、帰国子女で小さいときから英語に親しんで
きた人は尚更。**あなただって、「なんでそんなに日本語**

をうまく話せるの？」と聞かれたら、答えに困ることでしょう。

　そう。ペラペラになる秘訣は、自然に英語を身につけた人にとっては、あたり前すぎて言葉にできないものなのです。

　では、その「経験値」で得た「秘訣」を、「経験」を積むことなく手にすることはできないのでしょうか？

　実は、できるのです。

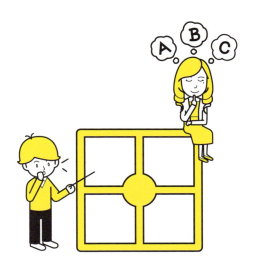

この章では、その発想方法と、英語を話すときのバイリンガルの頭の中について、くわしく解説していきます。

ポイントは「固執の捨て方」と、「フレーム」。

ペラペラになるための発想方法とフレームを身につけていきましょう。

1 「ペラペラ」の定義を見直す

突然ですが、「英語がペラペラな人」と聞くと、どんなイメージを持ちますか？

「どんなことでも英語にできる人」
「英語のあらゆる表現を知っている人」

こんなイメージを持っていらっしゃるかと思います。「ペラペラ」を辞書で調べてみると、「外国語をよどみなく自由に話すさま」などとあります。

私もかつて、わからない単語が出てくると、横にいるペラペラな人に、こう聞いていました。

「ねえ、○○って、英語で何ていうの？」

そのときの、私の「ペラペラの定義」は、「英語のデータベースを、日本語と同じ数だけ持っている」という感じのものでした。

つまり、**ペラペラな人は「和英辞典」を頭のなかに**

第2章 すべてのペラペラ人が、なんとなく知っている事実

持っていると思っていたのです。結果として、わからない単語はすべて「ペラペラな人」に「何ていうの？」と聞いていました。

　アメリカに留学していたある日のことです。
　香港人のジャッキーという友達が、学生ではとてもではないけれど手に入らないような高級車に乗ってきました。「うわ〜……すご〜い……」と、友達が集まってきます。
　そのときの、ジャッキーの「これみよがし」な様子があまりに面白くて、隣にいたウェンディーにどうしても伝えたくなりました。

「ねえねえ、ジャッキー、ものすごい "これみよがし" じゃない？」

　そう言おうとして、止まってしまったのです。
「これみよがしって、英語で何ていうんだろ……」

　私は「これみよがし」を辞書で調べ始めました。しかし、「これみよがし」という言葉はその辞書には載っていません。仕方なく、「誇示して」かなあ……と違う言葉を調べようとしました。
　すると、私の隣にいた日本人の「英語ペラペラな人」

がおもむろにこう言ったのです。

「He was like, "Look at this!"」
(彼、見て見て! って感じだったね)

すると、ウェンディーがものすごい勢いで、「そうよね〜!」と笑い出したのです!

なんて簡単で、そのうえ適確な表現でしょう。これ以外にも、いろいろなことを代わりに説明してもらったのですが、悲しいくらい**「え! それなら私にも言えたかも……」**ということが続きました。

そう、「ペラペラな人」は、日本語に対応する「私が知らない」すべての表現を知っているわけでも、単語力がものすごいわけでもなかったのです。
けれども、わかってもらえる。伝えられる。

どんなことについても、止まることなく伝え続けられる人。
それが、本当のペラペラなんだと、その後気がつきました。
そう、彼らは、「伝える」ための方法を知り、それらを駆使して、忍耐強く、自分が伝えたいことを英語にし

続ける能力が並外れていたのです。

　いまでもこの仕事をしていると、初めてお会いした方に、「英語トレーナー！　じゃあ、英語ペラペラなんですか？」と、聞かれることがあります。そのとき、実は、なんだか強烈な違和感を覚えます。

　その違和感は、実際に「英語ペラペラ」になってみて初めて感じるものでした。

「ペラペラ」の定義が、相手と決定的に違うのです。

　自分のことを「ペラペラではない」と思っている相手は、「すべての表現をあますところなく知っているのですか？」「頭のなかに和英辞典、入っちゃってるんですか？」

　というようなニュアンスで聞いています。

　しかし、「ペラペラな人たち」は、

「なんとかして、自分の言いたいことは相手に伝えることができる」

　と思っています。実は、**これが「ペラペラ」の定義**なのです。

　だから、本当に「ペラペラになりたい」と思うのであれば、**ぜひ今日から「ペラペラ」の定義を変えてみてください。**

　決して止まることなく、伝え続けられる力。

それがペラペラ。

だとしたら、単語を知らなくても、もうペラペラになれるのです。

本書でこれからご紹介する通りに、**「やり方」**と、**「視点」**の持ち方を変えてみてください。

すると、自信がつきます。

「自分は伝えられる」という自信があると、なんとかわかってもらおうという忍耐力につながります。

すると、実際にわかってもらえるようになるのです。

そうやって成功体験を積んでいくこと。

これが、最も大切なことなのです。

2 ペラペラとは、「言い換える力」である

先ほど「ペラペラとは伝え続けることができる力」とお話ししました。では、ペラペラな人たちのように「伝え続ける」ためには、何が必要なのでしょう。

それが、**「言い換える力」**です。

たとえば、先ほどの例。

私は「これみよがし」を伝えようとして、辞書で「これみよがし」を探しました。しかし、手元の辞書には「これみよがし」が載っていません。

そこで、「これみよがし」を違う言葉で言い換えたら……と考え、「誇示する」という単語を探し出しました。

この「誇示する」を辞書で調べると、

誇示する

cut round 〈米話〉

make a parade of

put on the ritz 〈米話〉（優雅さや豪華さを）

【他動】

exhibit（作品などを公然と）
flaunt
【自動】
splurge

と載っていました。（英辞郎 on the WEB より）

しかし、このたくさんの表現を知っても、どれを使ったらこのシーンに最適なのかは、まったくわかりません。

苦し紛れになんとか言葉を入れ込んでみたものの、今度は見慣れない単語だから、発音がわからない。**何をしても伝わらない！** という窮地に陥ります。

実は、**日本語は「動詞」が決定的に少ない言語**なんです。一方で英語は、動詞がとても多い言語。だから、日本語をそのまま英語にしようとしても、すんなり置き換えられないところがたくさんあります。

たとえば、日本語の「着る」。wear が「着ている状態」を示すのに対し、put on は、「着る動作」を表します。

このように、英語では本当に多くの「動作」の表現があり、そして、それを使いこなせないのが、日本人の弱点とも言われています。

「やっぱり、語彙力なんじゃないか！」と感じるかもし

れませんが、そうではありません。ここまで読んでくだ
さった、勘のいい方は気がついていらっしゃると思いま
す。

　そう。「微妙に自信がない単語」を使うのを避けなが
ら、言いたいことが伝わるように言い換える、その「言
い換える力」を身につければいいのです。

　まさに先ほどの「He was like, "Look at this!"」が、
知っている単語だけを使って伝わるように言い換えた事
例ですね。

　知らない単語だらけ！　と、「知らない」ことに意識
を向けない。「わからない段階でも、いかに実力を最大
化していくか」ということに目を向ける。

　結果的に、必要となるのは「言い換える力」です。

　しかし、一言で「言い換えればいいんだよ！」と言わ
れても、すぐにできるわけではありません。「そのやり
方がわからないからできないんじゃないか！」という声
が聞こえてきそうです。

　それではここから、どうやって「言い換えて」いくの
か。

　その発想方法とフレームを具体的にお伝えしていきま
す。

3 "言い換え"の視点を持つ

　ここまで、わからない単語があっても「自分で言い換えられる」ということをみなさんにお伝えしてきました。そして、英語を話そうとしたとき、「正解はひとつではない」ということもお話ししてきました。

　さて、ここからは、**これまでの英語勉強法の常識を覆す、まったく新しい勉強方法**を提言したいと思います。
　それは、この**「魔法のボックス」**を使ったものです。

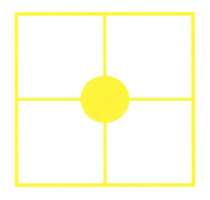

学生時代に受けてきた授業では、英語の問題は次のような形でした。

Q. 以下の日本語を英語にしなさい。
　「私はチョコレートが好きだ」

　そして、答えはひとつだけ。

A.「I like chocolate.」

　これ以外はすべて不正解。
　しかし、最近の学校のなかには、こんな問題を出すところがあるようです。

Q.「私はチョコレートが好きだ」を、「like」を使わずに表現しなさい。

　私は、この問題を知ったとき、心が躍りました。
　なぜなら、**まさにこれが、日本人を英語コンプレックスから救う鍵になる**と思ったからです。
　みなさんにはぜひ、「ひとつのことをいろいろな表現で伝える」という勉強方法を実践してみてほしいのです。
　それをするうえでとても有効なのが、先ほどの魔法の

ボックス。たとえば、こんな風に使います。

No chocolate, no life.	I am addicted to chocolate. （チョコ中毒です）
Chocolate makes me happy. （チョコが私を 幸せにしてくれるの）	I can't live without chocolate. （チョコなしで生きられない）

チョコが好き

　この、魔法のボックス。**日本人の英語勉強法に革命を起こす！**　と私は確信しています。理由は３つ。

【魔法のボックスのすごいところ】
・人間の「穴があったら埋めたくなる」性質を利用
（やめられない！）
・クリエイティブになる
・正解がない、を体現している！

　まずは、使い方。
　このボックスの真ん中に、「英語にしたい表現」を入

れてみてください。

　あとは、その周りの４つのボックスに、これまでにお話しした考え方を使って表現をいろいろと広げ、記入していきます（慣れるまでは、日本語でもかまいません）。

　人には、穴があると埋めたくなる、という習性があります。その習性をうまく活かして、どんどん空欄を埋めてみてください。

　ポイントは、とにかく「言い換える」こと（言い換えるための方法は、３章からお伝えします！）。

　これを毎日、いろいろな場面で行うことで、頭が柔らかくなり、「ひとつの表現に固執して、ほかの表現が出てこない！」という状況から抜け出せるようになります。

　とにかく、意識すべきは、WHAT ではなく、HOW。**「何が正解なのか」＝ WHAT を追い求めるのではなく、「どうすれば表現できるのか」＝ HOW を常に意識して**みてください。

　ではなぜ、このやり方で英語が話せるようになるのでしょうか。

　それは、常に表現を４つに広げる練習をいつもしていると、実際の場でぱっと伝えられなかったとき、すぐに切り替えられるようになるからです。

相手に「What?」と聞かれて、「自分の英語は通じない！」と怖じ気づいてしまうことがあります。これは、「ひとつしか表現する方法がない」と思い込んでいるから。だから、止まってしまい、困ってしまうのです。

「これで伝えられなかったら、あっちの言い方」
「あれもダメなら、こっち」

魔法のボックスを使うと、このように、**自分はいつも、最低4つもの表現に広げる力を持っているんだという自信**につながります。

そして、そういうマインドで、実際に英会話をすると、劇的な「忍耐力」が発揮されるのです。

英語の勉強でつらいのは、フレーズ本を読んでいても「正解はひとつ」で、それを覚えるか、覚えないか、という二択になっていること。

まず、暗記ありきだから苦しい。

きついし、覚えられないし、せっかく覚えてもすぐに忘れてしまう。

話すときには、「正しいかどうか」ではなく、「伝わるかどうか」が大きな価値基準です。

「これって、正しい英語なのかな」と悩んでだまること

は禁止。言ってみて、「伝わるかどうか」に意識を向ける。

　伝わらなかったら、次の言い換えをすればいいだけなのです。

　ぜひ、「失敗したとき」こそ、このボックスをつくって、経験を積んでみてください。

第 3 章

英会話は、"3語"でできる!

1 「3語」とは、何か

　ペラペラとは、「言い換える力」だということをここまで説明してきました。そして、こんな風に考えていたら一向に話せないよ、というアドバイスもご理解いただけたかと思います。

　では、いったいどうやって「言い換えて」いけばよいのでしょうか？

「心の持ち方」や、「とにかく言い換えるんだ！」という根性論だけでは、そんなにすぐに話せるようになりません。そこには、**実際に多様な視点を持って、フレームに落とし込んでいくための技術**が必要です。

　この章では、その技術をお伝えしていこうと思います。

　まず、何よりも大切なことは、「**3語**」を意識して話す、ということです。

　その3語というのが、これ。

主語(S)＋動詞(V)＋それ以外

たとえば、

I have a pen.
（私はペンを持っています。）

という文章があるとします。
「I」が主語、「have」が動詞、「a pen」がそれ以外ということになります。

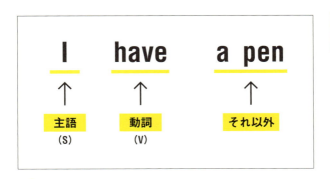

たとえば、ある日、外国人とお酒を飲んでいて、「日本では、"言霊"みたいなものが信じられてるからね〜」と言いたくなったとします。
みなさんのなかに、「あれ？　言霊って英語で何てい

うんだっけ？」という疑問が湧いてきました。手元には、辞書もスマホもありません。

　さて、どうするでしょうか？

　もともと知らない単語を思い出すことはできません。

　そこで、みなさんにやっていただきたいことは、**「主語」＋「動詞」＋「それ以外」という３語のフレームに落とし込んでみる**、というやり方です。

　たとえば、「言霊」を表現するとしたら、３語を意識すれば、

Words have power.
（言葉は持っている。力を）

と、表現することができます。

注）意識して日本語も英語の語順で考えておくと、よいストレッチになるという意図で、以下、英文に対応する日本語訳は、あえて英語の語順にしています。

2 中学英語の復習は、ここだけでOK

　少し中学時代の英語を復習してみましょう。英語の語順には、決まった型があります。中学校時代、文法の授業で習ってきた、「あれ」です。

第一文型	S＋V
第二文型	S＋V＋C
第三文型	S＋V＋O
第四文型	S＋V＋O＋O
第五文型	S＋V＋O＋C

　英語の文章はすべてこの５つに分けられる、と習ったはずですが……。覚えているでしょうか？

　Ｓというのは、「主語」のことです。その文章の主人公を指します。「誰が」の部分です。
　Ｖというのは、「動詞」のこと。その文章の動作の部分を指します。「〜する」の部分ですね。
　日本語では、「寝る」「食べる」「走る」など、言葉の最後の文字を伸ばして「う」の音で終わるものは動詞で

第**3**章　英会話は、"3語"でできる！

49

す。細かくはいろいろありますが、とりあえずはそこで判断していただけたら大丈夫です。

そして、Oというのは目的語。主に「～を」などと訳されるところです。「りんごを食べる」の「りんご」や、「靴を買う」の「靴」です。

最後のCは、補語です。「～に」「～と」と訳されます。ややわかりにくいですが、「壁を青に塗る」の「青に」や、「犬をジョンと名付けた」の「ジョンと」にあたります。

もう、このあたりの話になってくると、なんだか頭が痛くなってくる。逃げ出したい！　という方も多いと思うのですが……。

これ、なんで逃げ出したくなるのでしょう？　それは、

「いろいろ種類がありすぎて、混乱する」

ということに尽きるのではないかと思います。

実際、この文型を頭のなかに思い浮かべることができて、理路整然と単語を当てはめていける方もいらっしゃいます。そういう方は、ここからの話は読み飛ばしてください。

そうではない方。「英語を話そうとすると、なんだかこの文型がちらついて、言葉が出てこなくなる～！」と

いう方は……、

主語（S）＋動詞（V）＋それ以外

で、英語はいける！　と覚えてください。

O（目的語）もC（補語）も、全部ひっくるめて「それ以外」 です。まじめに英語を研究されている先生方には、怒られてしまうかもしれませんが、実際に英語はこの「S＋V＋それ以外」で考えていいですし、そのほうがわかりやすいんです。

5つの文型すべてに共通しているのは、S＋V＋それ以外、という語順です。ですから、ものすごくシンプルに考えてみてください。

主語→動詞の順番だけは変えない。

そして、「主語＋動詞＋それ以外」を意識する。

それだけです。

なぜ、あえてこんな乱暴なくくりをするのかというと、まずは大枠を捉えることが大切だからです。

一本の木の絵を描こうとしたときのことを、考えてみてください。

この葉っぱは緑色で、この葉っぱは黄色です。でも、

第**3**章　英会話は、〝3語〟でできる！

51

あっちの葉っぱはちょっと青みがかった黄緑で……。

　と説明されていくと、いったい何を描けばいいのかわからなくなります。

　みなさんが陥っているのは、この状態。

　しかし、**木を描こうとしたら、最も大切なものは「幹」の部分です。**「幹」をしっかり茶色で描いて、その上になんとなく緑をかぶせると、木を描くことができますよね。

　英語も同じ。もっと離れたところから、全体を見てみてください。

　木の幹、根本の部分。ここさえしっかりしていれば、伝わる英語を話すことができます。

　その「幹」の部分が、主語＋動詞＋それ以外の語順です。

　そして、第4章でくわしく説明しますが、日本語は、この「主語」が見つけにくく、「動詞」がそもそも少ないという特性を持っています。それが原因で、「伝えたい日本語」を英語に訳そうとしたときに、迷子になってしまう人がとても多いのです。

　誰が、どうするのか。＋ 何を

自分が思い描いた日本語を、この形に分解する力がつけば、英語は格段に話しやすくなります。

第**3**章　英会話は、〝3語〟でできる！

3 「3語」の意識で こんなに話せる！

　ほかにもいくつか例を挙げてみましょう。

　たとえば、あなたに外国人の上司がいたとします。そして、あなたは部署の人員を増やすべく、面接官を仰せつかりました。できれば、すぐにでも人手が欲しい状況です。

　面接が終わり、外国人の上司に「面接した彼、どうだった？」と聞かれたあなた。

「悪くはなかったのだけど、即戦力とはいえない……」

　そう答えようとした瞬間、考えてしまうのです。

「"即戦力"ってなんていうんだろう？」

　そんなときに、常に考えてほしいフレームが、先ほどの3語です。

　まず、主語と動詞を探し出してみてください。

　主語は、「彼」。

　動詞は……と考えて、自分が知っている単語のなかから使えそうなものを見つけてみます。

　たとえば、

He needs training.
（彼には、必要だ。トレーニングが）

という表現で、「即戦力ではないけど、悪くはなかった」という印象を示すことができるかもしれません。

さらに、ちょっとした日常会話で、心の距離をぐっと近づけたいシーン。「今日は、髪の毛がボサボサでさ〜」などと言いたいシーンを考えてみましょう。

髪が……ボサボサ……。

ここでも、「ボサボサ」という単語がわからないときに登場するのが、「3語」の意識。

まず、主語を、「髪の毛」としてしまうと「ボサボサ」がわからないと表現できなそうなので、ここは「私は」を主語にしてみましょう。

私は、＋ コントロールすることができない。
何を？ → 髪を。

と、考えることができます。そこで、

I can't control my hair.
（私はコントロールできない。髪の毛を）

と、表現することができます。

　自分が話している日本語のなかで、「主語」「動詞」は何か、に常に意識を向けること。
　それが、とても大切です。

column 英語思考力開発
メソッドとは？

　クリス岡崎さんが書かれた『30分で英語が話せる』（ダイヤモンド社）という本があります。

　これは、これまで学んできた英語の文法を、これでもか！　というほどシンプルに体系化した良書だと思います。シンプルに英文法を復習したい方はぜひ読んでみてください。

　この本のなかにあるメソッドのひとつに、「日本語を英語の語順で話す」というものがあります。

　と、ここで英語がまったく話せない！　と自認する生徒さんに集まってもらい、私のメソッドもお伝えしながら一緒にやってもらった実験をご紹介します。

　題して、「英語思考力開発メソッド」。

　ここで何をしたのかというと……「捨てる英語術」を駆使しながら、英語の語順で、ひたすら会話をしてもらうというものです。

　もちろん、使うのは日本語の単語です。この「やり方」と発想方法をお伝えしたところ、これまで、「もう全然ダメ〜！」と、英語を口にすることを頭から諦めていた

メンバーが、「あれ……？　なんか、話せる気がする
……」とざわつき始めたのです。

　その結果、英語が口から出てこない人たちは、「英語
そのもの」がダメなのではない、ということが証明され
ました。

　語順の基礎の部分だけしっかり押さえて、あとは「適
当」くらいのほうがスピーキングの壁はうまく乗り越え
られます。

　まずは、気楽に。これから、話すことをすべて、
「主語 ＋ 動詞 ＋ それ以外」
に変えて話してみてください。

　たとえば、

　　　「パソコン買ったんだ。」
　　　「どう？」
　　　「すごいいいよ。」

　という会話は、

　　　「私は買った。パソコン」
　　　「あなたは好きですか？　そのパソコン」
　　　「私は好きです、これ。それもかなり」

みたいな感じでしょうか。

これまで苦しかったのは、「英語」そのものではなく、「語順の感覚」だったのです。

しかも、この「語順の感覚」は
S＋V＋それ以外
ということを意識するだけ。

5つもある文型をすべて考え始めると、途端に思考が止まってしまいます。
文法についてはあまり深く思い悩まず、気楽に構える。
そして、主語（S）＋動詞（V）＋それ以外というシンプルな流れだけを意識して考えてみる。

ぜひ、やってみてください。

4 3語で話すための、「捨てる英語術」

　ここまで、3語を意識するだけで劇的に話せるようになる、というお話をしてきました。

　しかし、3語を意識した結果出てくる英語を見ると、「なるほど！」と思うのに、実際自分でやれる気がしない、というのが本心でしょう。「3語を意識しなさい」とだけ言われても、どう意識していいのか、わからない。一体どうしたらいいのでしょうか。

　実は、そこには3語にしていくための「考え方」があるのです。それが「はじめに」でもお話しした「**捨てる英語術**」という思考方法。

　こちらを、ひとつずつご説明していこうと思います。

1　8割捨てる

　まず最初に、「捨てる英語術」を体得するために必ず覚えておいてください、といつもお伝えしている最も大きな概念から。

　それは、「**8割捨てる**」ということです。

　この考え方が根底にあると、あらゆることの習得がと

ても早くなります。**常に頭の片隅に置いておいてください**。

「2：8の法則」というのを聞いたことがあるでしょうか。

これは、ビルフレード・パレートというイタリアの経済学者が発見した法則で、「パレートの法則」ともいわれたりします。

内容は、「物事の成果や結果の8割は、その要素や要因の2割に基づく」というもの。有名な例でいうと、「社会の富の8割は2割の富裕層が持つ」などでしょうか。

常に、2割の「コア」の部分が大切。そこさえ押さえてしまえば、全体の8割をカバーできる、という経験則です。

英語を話すとき、この考え方を採用してみましょう。

つまり、**2割の「コア」の部分は何か？　と常に自問自答し、そこを表現することに集中する**。そして、**捨ててしまった8割は、「ニュアンス」に過ぎないとして割り切ってしまいましょう**、という考え方です。

この考え方を持っていると、「言いたいこと」を英語に変換するのが劇的に簡単になります。

どんなときも、英語に変換しようとして固まってしまうのは、「細部まで英語にしよう」と固執してしまうことが原因。

第**3**章　英会話は、"3語"でできる！

61

たとえば、「納豆」を表現しようとした場合。
「納豆とは……」と説明しようとして、固まってしまっ
たとします。

　参考までに、英語版の Wikipedia の「Nattō」のペー
ジには、以下のように書いてありました。まじめに、
100％完璧に表現しようと思うと、こんな感じでしょう
か？

　　Nattō is a traditional Japanese food made
from soybeans fermented with *Bacillus subtilis
var. natto*.
（納豆は日本の伝統的な食品で、発酵した大豆から
できています。）
　　Some eat it as a breakfast food.
（朝食に食べられることもあります。）
　　Nattō may be an acquired taste because of
its powerful smell, strong flavor, and slimy
texture.
（納豆は、その強いにおいと味、ネバリ気のある食
感により、次第にクセになる味です。）
　　In Japan nattō is most popular in the eastern
regions, including Kantō, Tōhoku, and Hokkaido.
（日本では納豆は、関東、東北、北海道を含む東部

で最も人気があるのです。)

「正確さ」にとらわれると、せめて「fermented soybeans（発酵した豆）」くらい言えなくては！　と思ってしまうかもしれません。

　しかし、ここで伝えるべき「コア」の部分だけに注目すると、実はこの場合は、「traditional Japanese food（日本の伝統的な食べ物）」だけで、十分に意図は伝わります。

「自分が言いたいこと」の本質となる2割の部分は何なのか、常に考えてみてください。

2　大人語を捨てる

　2つ目の発想方法は、「大人語を捨てる」ということ。

　英語に変換しようとしたとき、言葉が出てこない理由のひとつは、「単語がわからない」から。それは、そもそも頭のなかに描いている「日本語」が難しすぎる可能性があります。

　頭のなかに常に5歳児の自分を持ち、「ねえねえ、パパ・ママ、○○ってどういう意味？」と質問されている気持ちになって、英語に変換してみてください。

大人的な日本語を大人的な英語に変換しようとしない。子ども的な英語に変換してみる、という意識を少し持つだけで、突破口を見出せることがたくさんあります。

　さて、ここで問題です。
「突破口を見出す」ってどういう意味？　と５歳児に質問されたら、何と答えますか？
「解決の糸口を見出す」とか言わないでくださいね。

「できる気がしてくる」

くらいで大丈夫。
　先ほどの「８割を捨て」ながら、「大人語」を捨てる。
　常にセットで覚えておくと、ぐんぐんイメージが広がっていくと思います。

　語彙力がない！　と悩んでいる方は、この**「子ども語に変換して、簡単に説明する」という力をつける**ことがおすすめです。

3　抽象語を捨てる

　３つ目の発想方法は、**「抽象語を捨てる」**ということ

です。

英語に変換しようとしたとき、ずっと固まって悩んでいる方は、**頭のなかに描いている「伝えたいこと」が抽象的すぎる**のかもしれません。

そして、その「抽象的なもの」を表す英語表現を知らないと言って固まってしまう。

やはり、「語彙力の問題」という結論になってしまいます。

そういう思考に陥ってしまったときに、やってもらいたいことがあります。それは、「**言おうとしていることを具体的な表現に落とし込んでみる**」という作業です。

概念的なものから、具体的な行動や事実ベースのところまで細分化する。

すると、完全にお手上げ状態だったものが、表現できるレベルにまで変わってきます。

たとえば、「私は几帳面です」と表現したいとき。

「**几帳面**」な私が具体的に何をするのか、という観点から考えてみるのです。すると、

I like to keep my room clean.
（私は保つのが好きです。部屋を綺麗に）

第**3**章　英会話は、〝3語〟でできる！

65

という表現をすることもできます。

「私は、臨機応変に物事に対処することができます」と、
転職の面接でアピールしようと思ったとき。
「臨機応変」な私がやれることは、具体的に何か、とい
う視点を持ちます。すると、

> Whatever happens, I can find the best
> solution.
> **（何が起きても、私は見つけてみせます。最良の
> 解決方法を）**

という、具体的なアピールができるかもしれません。

> I won't panic.
> **（私はなりません。パニックに）**

と表現することもできますし、

> I have everything under control.
> **（すべてうまくやれます）**

という言葉でも表現できるかもしれません。

ポイントは、「具体的に語ってみる」ということです。

4 直訳を捨てる

最後の「捨てる」は**「直訳を捨てる」**です。

これは私がかつてイギリスに留学していたときに、「キリン」という単語をド忘れした経験が元になっています。
頭のなかは、
「あれ？　キリンって英語で何ていうんだっけ？　やったはずなんだけどな……。思い出せない〜！　何だっけ〜！　あの単語帳のあそこら辺に書いたことまでわかってるのに〜！」
と、大パニック。
ひたすら「え〜っと……う〜んと……」と、思い出すことに時間を費やしていました。

しかし、英語上級者たちの話し方を聞いていて、気がついたことがあります。それは、**彼らは、頭のなかで一度ある事をしている**ということ。それが、「直訳を捨てる」というメソッドだったのです。

第**3**章　英会話は、〝3語〟でできる！

67

「キリン」の直訳（giraffe）が出てこないとき、**彼らは「結局、自分は何が伝えたいのか」を思い浮かべて、そのなかで英語にできるところを探していました。**

すると、「A tall animal, Long neck, Yellow」とすらすら単語が出てきます。結果として、聞いている相手側が、「あ、それならきっとgiraffeだ！」と答えをくれる。

こうやって、コミュニケーションを止めることなく意思の疎通をはかっていました。

そこから、私は「言いたいこと」がすぐに単語で出てこないときは、直訳を捨てて、「何が伝えたいのか」に集中し、それを英語に変換するようになったのです。

わからない単語に固執しないで、次のステップに進める思考法です。ぜひ頭の隅に入れておいてください。

第 **4** 章

３語で解決する
ための、
３ステップ

「3語で英会話」のフレームと、その思考法をここまでお伝えしてきました。常に、「主語＋動詞＋それ以外」を意識し、いろいろな固執を捨てることがとても大切です。

しかし、実際にそれを行動のレベルにまで落とし込むにはどうしたらよいのでしょうか？

意識すべきことや、思考の方法はわかった。でも、実際訪れる「あ！　単語がわからない！」という瞬間に、それをさっと実行していけなければ意味がありません。

そこで、「3語で英会話」を実践するために必要な3つのステップをここからお伝えしていこうと思います。実際に「単語が出てこない！」という瞬間に、ぜひこのステップを踏んでみてください。

そのステップは、こちら。

【基本ステップ】
1)　イメージを描く
2)　日本語①→日本語②→英語で考える
3)　主語と動詞を探す

次から、これらをひとつひとつ、解説していきます。

基本ステップ

1 イメージを描く

　まず、「3語を意識」と言っても、すぐにピンとくる方はいないでしょう。そこで、まずやっていただきたいステップは、**「イメージを描く」**です。

　ビジネスのシーンで、ひとつ例を考えてみましょう。

　あなたは、転職活動の面接会場にいます。

　今日は、英語での面接の日。目の前には、パシッと紺のスーツを着こなした、背の高いドイツ人が座っています。一通り説明が終わり、おもむろに彼が言いました。「あなたの強みを教えてください」

　あなたはとっさに、

「私の強みは……協調性があることです！」

　と言おうとして、「協調性」という単語がわからず、止まってしまいました。

　さて、どうすればよいでしょうか？

　みなさんがやるべきは、あのフレーズ集で習った、あそこら辺に書いてあったよな〜……と記憶をたどる作業ではありません。**頭のなかでイメージを広げる**ことです。

第**4**章　3語で解決するための、3ステップ

71

ここで持つべきは、「協調性がある私」が、イメージのなかでいったい何をしているのか、という視点です。
　それを考えることで、あなたが本当に伝えたいこと、伝えたい「コア」をつかむことができるようになります。
　さて、協調性がある人というのは、どんな人でしょうか？
　どんどんイメージを広げてみてください。
　こんなイメージの場合もあるかもしれませんが、

こんなイメージの場合もあるかもしれません（笑）。

私の生徒さんのなかには、「話し合いができる人」というイメージをくれた方もいましたし、「人のアイディアを尊重できる人」とか「人の考え方を受け入れることができる人」とイメージを広げてくれた方もいらっしゃいます。

　すると、頭のなかに描かれるイメージは、こんな感じでしょうか。

　では、この広げたイメージに、みなさんが持つ単語で使えそうなものを当てはめてみます。

　まず、「協調性がある」のは「私」なので、主語は「私」のままでよいでしょう。このイメージのなかにある「協調性がある私」が、具体的にどんなことをしていそうか、考えていきます。

　人の意見を尊重しているな……と思えば、

I respect people's ideas.

（私は尊重する。人のアイディアを）

と表現することができるでしょう。
ほかにも、「受け入れているイメージ」が浮かべば、

I can accept other people's ways of thinking.
（私は、受け入れることができる。他人の考え方
を）

という表現で言い換えることもできます。

　さて、ここからが、イメージを描くうえでとても使えるノウハウです。
　みなさんが、いま描いたのは、「協調性がある人」のイメージでした。
　実は、「協調性がある」ことを伝えるときに、うまくイメージが湧かなかった場合は、反対に「**協調性がない人」をイメージする**ことも手なのです。
　そして、ポイントは、そういう「協調性がない人」がやりそうなことを、「私はしません」というスタンスで英語にしてみること。こうすると、表現の幅が驚くほど広がります。

　「協調性がない人」をイメージしてみると、「人を拒絶

しているよな……」とか、「人の意見を聞かないよな……」とか、いろいろなイメージが浮かぶと思います。

これらのイメージから、

I don't reject people.
（私は拒絶しない。人々を）

などという言い方で、表現を増やすことができます。

実は、「協調性」と辞書で調べると、

協調性

accommodativeness

cooperativeness

と出てきます。

accommodativeness って……舌をかんでしまいそうです（笑）。

これを使いこなして表現できる人は、そのままズバッと使えば、すっと意味は通じるので便利ですよね。

ただ、これを覚えられない！　覚えても発音できない！　使いこなせない！　と悩んでいらっしゃる方は、それを気に病む必要はまったくありません。

実は、この「言い換え」で伝える方法は、みなさんの「イメージ」を駆使しているので、発言がより「具体的」になります。すると、描象的なひとつの単語で表現するよりも、むしろ会話に臨場感が出るというメリットがあるのです。

相手も、「協調性がある」ことによって、この人はどんなことが「具体的にできる」んだろう？　というところをイメージしやすくなるのです。心配しないで、どんどん使ってくださいね。

基本ステップ

2

日本語①→日本語②→英語で考える

　英語は英語で考えなければならない、とお考えになっているかもしれません。でもそれは、上級レベルになってから、挑戦してみてください。上級レベルというのは、TOEIC でいうところの 800 点以上で、海外で生活をしたことがあるレベルでしょうか。

　そんな上級には、まだ届かない！　という方は、いまから「英語を英語で考え」すぎると、とても大変です。時間もすごくかかるし、すぐには効果が出なくて焦ってしまいます。

　まず、みなさんにやっていただく次のステップは、**頭に浮かんできた日本語をしっかり自分で分析して、理解すること**です。

　「自分が考えている日本語なんて、わざわざ分析しなくても理解できてるよ！」と思う気持ちはわかります。しかし、ここが難しいからこそ、英語に変換することがとても苦しくなっている可能性が高いのです。

自分で考えた日本語をすぐに英語にできない理由は、次の４つが考えられます。

> **①ざっくりパターン**
> 　　　　　～いろんなことを省略しすぎ！～
> **②難しい単語使いたがりパターン**
> 　　　　　～単語力がないと言えない！～
> **③迷子パターン～文章長くなりすぎ！～**
> **④こだわりパターン**
> 　　　～こなれたことを言おうとしてしまう～

以下、それぞれのパターンの対処法をお教えします。

1　ざっくりパターン
　↳ **主語と動詞を意識する**

まず、最初。いろんなことを省略しすぎ！「ざっくりパターン」は、

日本語1　一杯、どう？
　　　　　いいっすね！

これを英語にしようとしたシーンで考えてみよ

うと思います。

そのまま英語にしようとする前に、まずみなさんにやっていただきたいことは、**3語（主語と動詞とそれ以外）を意識した日本語に変換する**ことです。

日本語2

あなた、行く？　飲みに。今夜。
それ、聞こえる。よさそうに！
（私は行きたい！）

という感じでしょうか。
一度変換してしまうと、あとは簡単です。

英語

You're going drinking tonight?
（語尾を上げる）
That sounds nice!（I want to go!）

もう1例挙げてみましょう。

日本語1

放心状態っす。

これは誰がどういうことになっているのでしょうか。

80

日本語 2

私はわからない。何をすべきか。

と、ここまで変換します。

英語

I don't know what to do.

　こんな風に、探した3語を意識して、英語に変換していくだけです。

　なぜこういう言い換えが必要なのでしょうか？　それは日本語と英語は構造が根本から違うからです。日本語での会話をよくよく聞いていると、あることに気がつきます。

　　「晴れだね〜」
　　「気持ちいいね！」

　　「あの書類は、どうなった？」
　　「先方に確認してみます」

　そう、**主語がありません。**
　主語とは、文章でいうところの「○○が」の部分でしたね。そして、日本語は主語を必要としない言語です。

「**私は、先方に確認してみます**」

なんて言われると、違和感を覚えることすらありますよね。

　さらにいうと、「空気を読む」という言葉があるように、**日本語は「聞き手の能力に頼る言語」**だと言われています。「わびさび」も、受け取り手に重きを置いている考え方です。

　日本では、長く「行間を読む」「相手の言っていることを慮る」という能力が、コミュニケーションを行ううえで、とても重要視されてきました。

　その結果として、**話し手側が相手に伝えるべき情報が少なくても、なんとかコミュニケーションが成り立ってしまう**という事実があります。そう、日本語は話すことが簡単で、聞くことが難しい言語なのです。

　だから、日本人のみなさん。
「相手の言っていることを汲み取る」技術は、非常にすぐれていると自信を持ってください（笑）。

　そして、これと同時に知っておくべきことがあります。
　それは、**聞き手として優秀であるがゆえに、「話し手として、これまで力を入れてきていない部分がある」**ということ。

そのうちのひとつが、「**主語を明確にしない**」という
ことです。

　主語がなくても相手が理解してくれるので、話してい
る側は、あまり深く「伝える努力」「明らかにする努力」
をしなくても、これまで困ることがなかったわけです。
　これに対して、英語は多民族が使う共通言語であるこ
とからも、「共通認識」や、相手の想像に任せることを
あまりよしとしていません。つまり、話すとき、すべて
の情報をしっかり伝えきる必要があります。
　説明する側の責任が重いのが英語。聞くことが楽で、
話すことが難しい言語とも言えます。
　この事実を知らないまま、日本語の感覚そのままに、
主語も補わず、動詞も文章のどこかに適当に入れたりし
てしまうと……相手は理解してくれません。

　そこで、こういうざっくりした日本語を英語に変換し
ようとするときは、「**主語は何か？**」「**その後にくる動詞
は？**」と意識してみてください。
　これが、本書でいう「３語」への意識です。
　結果として、主語をはっきりさせて、誤解のないよう
に伝えることができるようになります。

　さらに、**日本語で「主語だ」と思っているものが**、実

は主語ではないこともあります。

たとえば、「ゾウは鼻が長い」という場合。

主語は、ゾウ？　それとも、鼻？　どちらでしょうか。

この場合、主語のように思える「ゾウは」の「は」は、全体のテーマを提示するための「は」で、主語は「鼻」です。

この場合は、「ゾウの鼻は長い」と、自分で日本語①→日本語②へ組み立て直す必要があります。

2　難しい単語パターン
↳ 日本語をほぐす

２つ目は、「単語力がないと、全然言えなさそうな難しい単語を使っているパターン」です。

たとえば、

「先入観を持たずに聞いて」

という表現を英語にしたいとしましょう。

これをそのまま英語にしようとすると、**「Don't have……先入観？」** という事態になりかねません。

このように固まってしまう人は多いはず。やはり、「単語力」があるかどうかだけが、勝負の分かれ目ということになってしまうのです。

ここで、この「先入観を持たないで」の「コア」の部

分を探っていこうと思います。難しい日本語をほぐすイメージです。

日本語1

「先入観」を辞書で調べてみると、
初めに知ったことによって作り上げられた固定的な観念や見解。それが自由な思考を妨げる場合にいう。
とあります（広辞苑より）。

日本語2

大人語を捨てて、子どもに説明するように考えていくと、
「何も考えないで、ただ聞いて」
「あなたが信じていること、ひとまず忘れて」
という説明ができます。もしくは、
「オープンになって聞いて」
なんて言っても伝わるかもしれないですね。

英語

Please have an open mind!
（オープンマインドを持って！）

Forget everything you believe!
（全部忘れてみて！　いま信じてること）

Don't think about anything. Just listen.

第**4**章　3語で解決するための、3ステップ

(何も考えないで。ただ、聞いて)

英語にしやすい単語を、脳内の倉庫から引っ張り出してみてください。そして、難しい単語をとにかく「幼稚園の先生」になったつもりでほぐしていく。

言いたいことが、驚くほどに表現できると思います。

3　迷子パターン
↳ 文章を短く分けてみる

3つ目は「文章が長くなりすぎてしまって迷子になってしまうパターン」です。

このパターンのコツは文章を短く分けてみることです。たとえば、

日本語1　二日酔いで今日はめちゃくちゃだ。

と言いたいとき。
「二日酔いが？」
「今日は？」
どっちが主語なんだ……と、頭を抱えてしまいます。
さらに「めちゃくちゃだ」という単語を英語で知らなければ、完全にアウトです。

そんなときは、先ほど紹介した基本ステップ1の【イメージを描く】を使います。「**二日酔いでめちゃくちゃな自分のイメージ**」を頭のなかに描いてみてください。そして、「言いたいこと」をいくつかに**分解**していきます。

たとえば、「めちゃくちゃだ」と「二日酔いだ」を分けてみましょう。そして、そのイメージのなかで、より具体的な部分を探してみて、そこから言えそうな主語と動詞を探すのです。
すると、私の頭のなかに描かれた「二日酔いでめちゃくちゃな自分」像は、仕事でたくさんのミスを犯していました。
このように、英語にしやすい日本語に変えていきます。

日本語2

「二日酔いで今日はめちゃくちゃだ」を
「**私は、間違いをした。たくさん**」

という文章と、

「私は飲んだ。たくさん、昨晩」

という文章に分けることができました。

さらに、ここで「二日酔い」ということも表現してみようと思います。「二日酔い」という名詞を知らなければ、「私は飲んだ。多すぎる量を。昨日」とでも言えるでしょうか。

これを英語にします。

英語　I made a lot of mistakes.
（私はやった。たくさんの間違えを）

I drank too much yesterday.
（私は飲みすぎた。昨日）

「二日酔いでめちゃくちゃな自分」というのを、ひとつの文章で言わなくてはいけない！　というルールはないのです。2つでも、3つでも、いくつにでも分けて大丈夫です。

　さらに、私の「めちゃくちゃな自分」のイメージのなかには「上司」が出てきました。

　その上司はものすごく怒っている様子。それはそうでしょう。二日酔いで、ミスばかりしているのですから。
　あ、そういえば、「怒る」だったら英語にできるな、と思えれば、この「上司」を主語にして日本語②をつくります。

日本語2
「私の上司は、怒った」
「私は、飲みすぎた。昨日」

英語
My boss got angry.
I drank too much yesterday.

と、こんな風に伝えることができます。
　さらに上級者であれば、because という接続詞を使って、この2つの文章を合わせてみてもい

いでしょう。

I can't do anything because I drank too much yesterday.
（私はできなかった。何も。なぜなら、昨日飲みすぎたから）

　こうやって、**分解しながら、イメージの力を使って英語に変換していく。**

　すると、見えていなかった世界が開けると思います。

4　こだわりパターン
↳ **え！　そんなに省略しちゃうの？　くらい削る**

　最後に4つ目。

　これは、「うまいこと言おう」として、**英語にできなくなってしまうシーン**でよく見るものです。

　たとえば、上司が外国人になってからというもの、「君の英語は、たまにわけがわからない」と言われるという生徒さんがいらっしゃいました。その方は、セミナー中にいろいろ英語で話してもらってもとくに問題ありません。しかし、本人は、「本当にダメなんです……」と自信がなさそう。

　そんな彼の上司が何を指摘しているのか、わかった瞬

間がありました。

それは、「先週末何をしていた？」という話をしていたときのこと。

彼は、家族をとても大切にしています。娘さんと映画を観に行ったと笑顔を浮かべました。「その映画はどうでしたか？」と聞いたところ、

「半分、気を失っていました」

と答えました（笑）。

その場にいたみんな、笑ってしまったのですが、いざ、それを英語にしてみましょう、と言うと、彼の表情が一変。

「I lost……my sense？　いや、違いますね……。I lost……気……気……」

と、「気」という単語を探すことで、気持ちがいっぱいいっぱいになってしまったのです。

待っている間、「思い出せるのか？　いけるか？」という緊張感に包まれ、一瞬和んだ一言だったにもかかわらず、セミナーはピリッとした空気に変わりました（笑）。

こういう瞬間を回避するためにできる対策のひとつは、**「驚くほど、シンプルにしてしまう」**という技です。これは「コア」を見抜くということにもつながります。

日本語 1　半分気を失っていました。

日本語 2　これを言い換えます。
「何も覚えてないんだよね」
「寝てました」

英語　I don't remember anything.
I was sleeping.

　きっと「気を失う」という表現に固執してしまう理由は、ここでちょっと場が和むであろうことが、この表現を使うことで予想できたからだと思います。

　結果的に、「うまいことを言おう」として、相手に伝わらず、しかもちょっと面白いことを言おうとしているので、なんだか噛み合わない空気になり、落ち込みます。

　まさに悪循環。

　そういう場合は、ここまでやっちゃうの？　というくらいシンプルに語って、語調を工夫してみてください。

　頭のなかで、自分が伝えたいことを**究極までシンプル化**してみる。**つまらない表現になっちゃうな〜と思うくらいで大丈夫**です。

　うまいこと言おうとしちゃう自分を捨てる。

それだけで、シンプルな伝わりやすい英語を話すことにつながっていきます。

第**4**章 3語で解決するための、3ステップ

基本ステップ

3 主語と動詞を探す

1 主語を探す──イメージと「3つの視点」

　頭のなかに映像を思い浮かべて、日本語①→日本語②
→英語に変換していけば、だいぶ言えることが増えてく
ると思います。

　それにしても、主語って大切。

　**英語の文章をつくろうとすると、常に最初に来るもの
は「主語」です。**これがパッと決まらないと、話し始め
ることすらできません。

　ですから、「主語」を探し出す能力はとても役に立ち
ます。日本語①→日本語②→英語の順で考えてみても、
どうしていいかわからない！　というときには、いまか
らご紹介するステップを試してみてください。

　先日1週間ほどシンガポールに視察に行きました。そ
のときのホテルでのこと。チェックイン早々困ったこと
がありました。

　なんと、お風呂に入って、蛇口を閉めても水が止まら
ないのです。

これは困りました。

ポタポタポタポタと、水が落ちる音が部屋にまで響き、ゆっくり眠れなそうな気がします。

フロントに電話して、事情を説明することにしました。

「すみません、お風呂のお湯が止まらないんですけど……」

そう言おうとして、ふと思うのです。

主語は、お湯で「Hot water」かな？

そうすると、doesn't stop かな……？

でも、英語にするとなんだか不自然な感じがします。

そうしたら、「水」？　water?

そして、動詞も「come out」とか「keep on running」とかにしてみる？

と、悩んでしまう……。でも、いずれにしてもなんだか不自然です。

まず基本ステップ１で紹介した、【イメージを描く】を活用します。

第**4**章　３語で解決するための、３ステップ

95

　主語を考えてみましょう。止まらないもの。それは、「お湯」もそうなんだけど、「シャワー」とも言えるのでは？

　そこで私がフロントに言った表現は、

The shower doesn't stop.
主語（S）

　出てくるのは水ですが、それを出している「設備」のほうを指してみたのです。これだと、すっとわかってもらえそう。

　なんだかこれって英語っぽくないなあ……という表現

になってしまいそうなときは、**まず、そのものをイメージしてみてください。**

そして、「水」以外に思いつく主語を考えてみる。そうすると、伝わりやすい表現が出てきます。

さらに、「主語と動詞を意識する」に加え、もうひとつの重要なアプローチが、**「視点を変える」**というもの。

例をいくつか挙げていきましょう。

英語の表現を考えるときは、

私の目
あなたの目
第三者の目

という３つの視点を持つと、ヒントが見つかることが多いので、ぜひ使ってみてください。

たとえば、今回のシンガポール視察では、学校にも行きました。そこで「あなたの学校は給食ですか？」と聞きたいシーンがありました。「給食」という言葉がわからない場合は、どうしたらいいでしょうか？

日本語的に考えると、**「あなたの学校 is 給食？」**みたいな表現になるでしょうか？

しかし、これだと、**あなたの学校＝給食？　**というき

わめて**不思議な英語**ができあがります。

これを避けるために、「あなたの学校は給食ですか？」という日本語の「主語」を考える必要があります。

さて、ここで、「視点」です。「私の目」「あなたの目」「第三者の目」で見直してみましょう。

「給食ですか？」という問いで私が聞きたかったことは、実は**「親は子どもの昼食をつくる必要がありますか？」**ということだとも言えます。

そこで、「私の目」で見直すと、

Do I have to make a lunch box for my daughter?
（私は、つくらないといけませんか？ 娘にお弁当を）

と聞くことができます。

次に視点を変えて、「あなたの目」で主語を考えます。

すると、「あなた」が主語になった場合は、「あなたは昼食をくれますか（供給しますか）？」と聞くことができます。

Do you provide a lunch box for students?
（あなたは供給しますか？　生徒に昼食を）

という言い換えも可能でしょう。

さらに、「第三者の目」でも主語を考えることができます。ここではたとえば「娘の目」です。

「娘」を主語にしてみると、お弁当を「持っていく」ことになるので、

> Does my daughter have to bring a lunch box from home?
> (娘は持っていかないといけませんか？　家からお弁当を)

という言い換えもできます。

視点を変えてみる。
そこに登場する人物すべての視線で語ってみると、思っている以上にいろいろなことが表現できるのです。

2　動詞を探す――大人語はとことん捨てる

日本語の特徴は、「主語がない」こと。そしてもうひ

とつ、「動詞」が非常に少ないというのも、知っておく
べき特徴です。

　英語に比べて日本語は動詞が非常に少ない。だから日
本語そのままでは英語にしづらいのです。

　これはどういうことでしょうか？

　ひとつ、言いたい動詞がわからない！　と思って和英
辞典を検索してみると、その意味の動詞がいくつも出て
きます。

　私は、学生のとき、「作る」という単語を辞書で調べ
て驚いたことがあります。

　「作る」だけで出てきた単語は、以下の通り（英辞郎
on the WEB より）。

作る

　pull~together（食事など）

　【他動】

　build（体格などを）

　build《トランプ》（カードを集めて手を）

　calculate（～をある用途に）

　churn（かくはんしてバターを）

　cobble〈英〉（靴を）

　coin（新しい言葉を）

　compose

第**4**章　3語で解決するための、3ステップ

101

configure

contrive（巧妙にものを）

cooper

fix（食事や飲み物を）

jerk〈米〉（アイスクリーム・ソーダなどを）

manufacture（機械で大量に）

produce（製品を／精神活動で作品を）

raise（まめやみみず腫れなどを）

tear（裂け目などを）

weave（織機で布を／かごなどを／クモの巣など
　　　を／さまざまなものを組み合わせて話
　　　を）

【句動】

put together（クラブ・派閥などを）

set up（新記録を）

【自他動】

fabulate（作り事や空想物語などを）

　いったい私はどの単語を使ったらいいのやら……途方
に暮れました。

　**日本語ではひとつの動詞で表現しているものを、英語
ではいくつにも細分化して表現しています。**逆にいうと、
日本には「作る」「泣く」「怒る」「笑う」などの動詞に

はバリエーションが少ないことがわかります。

　一方で、日本語には「名詞＋する」で表現する「サ変動詞」というものがあります。

　たとえば、「怒る」ひとつにしても、「立腹する」「憤怒する」「激怒する」「激昂する」等いろんな表現をくり出すことができるのです。これを使えば、「どれくらい怒っているのか」ということを表現豊かに伝えることができます。

　しかしこの「サ変動詞」、**英語に変換しようとすると、とても難しい。**

「する」の部分にはほとんど意味がないので、「立腹」「憤怒」「激怒」など、その前にある「名詞」の要素を英語にする単語力がないと思うと固まってしまう……。

　結果として、これをそのまま英語にしようと思うと一瞬立ち止まってしまう。そこで、この「動詞を探す」ステップで、**どうやったら英語でいうところの「一般動詞」になるのか、**という観点を持つことが、とても有効なのです。

　そして、**動詞を探すために必要なのが、**3章で紹介した「**大人語を捨てる**」という考え方。

　ぜひ、子どもに説明するとしたらどんな風に説明するか、という観点で、難しい単語を言い換えてみてくださ

第**4**章　3語で解決するための、3ステップ

103

い。

「読書する」であれば「読む」
「購買する」であれば「買う」

　難しい大人的な日本語を、そのまま大人的な英語に変換しようと苦しんでいないか。常に考えながら、英語に変換してみてください。
　ほかにも、大人語の例があります。こう換えてみましょう。

　　　　悪い行いが横行している
　　　　　　　→みんなが悪いことをしている
　　　　着席してください
　　　　　　　→座ってください
　　　　疑問を呈する
　　　　　　　→質問をする
　　　　会計する
　　　　　　　→払う
　　　　発言する
　　　　　　　→言う
など、普段日本語ではついつい自然に出てきてしまう
「ちょっと難しい表現」を、すべて５歳の子どもにつっこまれたと想定して言い換えてみてください。

応用ステップ それでも厳しいときは、"セリフ"にしてみる

彼女は、前向きな人です。

こう言いたいシーンを考えてみましょう。

イメージを描き、

日本語①→日本語②→英語にしてみます。

彼女は……明るい？　う〜ん……

今回は主語も変えられそうにないし……と思って行き

詰まったときは、応用ステップとして**「前向きな彼女」のセリフ（発言）を考える**というのを試してみてください。

すると、

いつも「大丈夫だから！　楽しんで！」と言ってるな……

とか、

「疲れた」って絶対言わないな……

とか、いろいろな観点がでてきます。

これを英語にすると、**「前向き」という言葉を英語で表現できなくても、「前向きな彼女像」が浮かびあがってくる**のです。

仮に「前向き」という単語を知っていたとして、単にその単語を使って表現するよりも、**こういう「臨場感」のある発言で彼女を表現したほうが、なぜか会話が盛り上がる**ということが多くあると思います。

これ、ビジネスシーンでもとても使えます。

たとえば企画提案のプレゼンのあと、

「提案、通ったね！」

と同僚に言おうとします。このとき、「Your proposal……通る？　通るって、何だ？」と思ったら、セリフを考えましょう。つまり、**誰かが実際に言ったことを英語にしてみる**のです。

They said, "Yes" to your proposal!
（彼ら、君の提案にイェスって言ったね！）

　とうれしそうに伝えれば、喜んでいる気持ちは伝わります。

　「通ったって、pass through……？」と直訳でいうよりも、セリフベースで英語にすることによって臨場感が増して、会話が盛り上がります。そして、同僚とのちょっとした世間話などのときに使うと、心の距離が近くなります。

　単語力だけで戦わず、うまく「発言」を使いこなしてみてください。

column ## こんなアドバイスは、いらない

「今年こそは英語をやるぞ！」という新年度の目標を立てる方、ものすごく多いです。NHK の英語講座テキストが最も売れるのも 4 月とのこと。みんな、「英語をやる！」という目標を持って大はりきりです。

　しかし、NHK の講座テキストの売れゆきも、その時期を過ぎるとじわじわと降下するとか。そう。意気込みは長く続かないのです。実際、私の家にもかつてこのテキストが、なぜか 4 月分だけ横たわっていました（笑）。

　これは、一体どうしてでしょうか？

　実は、「英語をやる！」というのには、いろいろな意味があります。

　話せるようになるのか、聞き取れるようになるのか、書けるようになるのか、読めるようになるのか。はたまた TOEIC でいい点数を取れるようになるのか。ビジネスシーンで使うのか、旅行で使いたいのか。

　多くの人はそれを定めることなく闇雲に「英語をやる」と言って学び始めた結果、迷走してしまうのです。「料理を習う！」と決めたら、パン、そば、煮物、とい

ろいろあって、どれをつくるかによって、習うことも材料も変わってきますよね。それを「料理」とひとくくりにしてしまうと、とても遠回りしてしまうことがあります。

　この本は、「英語を話す！」ということに特化した本です。
　この本でお話ししているのは、「話したい！」という方のためのアドバイスです。
「英語の勉強」という観点からすると、もちろんこの本でお話しする以外に大切なことがたくさんあるかもしれません。ただ、全部のアドバイスを「話す」ことに応用しようとすると、そこに縛られて話せなくなってしまう人がとても多いのです。

　あなたの目的は、何ですか？
　もしも、「話す」ということが目的ならば、いらないアドバイスを手放して、**新しい価値観をインストールして**みてください。
　以下では、捨てるべき「いらないアドバイス」の例をご紹介します。

≫ ✕ とにかく単語量を増やしなさい
「なんで英語を話せないと思いますか？」と聞くと、多

109

くの生徒さんが、まず最初に「**単語量が絶対的に足りないんです！**」とお答えになります。

　結果、「頻出単語集」を買ってきて、「A」のページからひとつずつ覚えていくということになります。

　たしかに、単語量が多ければ、単純に表現できる量が増えていいのではないか、と思いませんか？　なぜこれが「いらないアドバイス」なのでしょう？

　実は、ポイントは単語の「増やし方」にあります。

　単語を単体で覚えるというのは、畑から大根を掘り起こして持ってくるようなもの。それだけだと、どう使っていいのかもよくわかりません。泥を落として、皮をむき、適度な大きさに切って、煮込む。どうやって使いこなしていくとおいしい料理になるのかは、使ってみないとわからないわけです。

　これと同じで、ただ単語の数を増やしていっても、使いこなせなくては意味がありません。

　単語集を買ってきて、一生懸命覚えるという作業は、「インプット」です。「話す」という作業に必要な力は、**「自分のなかにある情報を、さっと引き出す」**力。すでにある単語力を駆使して、伝えたいことを伝える力です。

たしかに、単語を多く知っていることは「便利」ではあります。しかし、自分が持っている日本語の語彙と同じだけの単語を持たない限り英語を話せない、というのは勘違いです。

>> ×単語帳をつくりなさい

これも先ほどの「とにかく単語量を増やしなさい」というアドバイスと同じです。しかも、「単語量を増やしなさい」というアドバイス以上に、「やった気になる危険なアドバイス」です。

私も以前は、単語帳をつくることに余念がありませんでした。しかし、この「単語帳神話」が崩れる日がやってきます。

それは、米国公認会計士の試験勉強をしているときでした。「わからない単語があったら、自分の単語帳をつくる」という勉強方法は大学受験のときからずっと染み付いた癖だったので、ご多分にもれずせっせと単語帳をつくっていました。

しかし、時間と労力をかけてつくった単語帳にうっとりしていると、先に試験に合格していた先輩に言われました。「単語帳……つくっちゃったか～……。それ、使わないよ」と。

「ええ！　ええええええ！　なんで⁉　なんでですか！」

　米国公認会計士の試験は、筆記のテストがあります。
論文を自分の力でつくり、相手に伝えなくてはいけない
試験です。単語力ありきです。

　しかしその先輩によれば、専門用語であればあるほど
何度も出てくるから、単語帳をつくらなくても勝手に覚
えてしまうとのこと。さらに、論文でその単語を使わな
くてはいけないシーンでは、「アウトプットする」とい
う観点で「使いこなす」必要があるから、単語帳をつ
くって単語と意味だけ丸暗記すると遠回りになってしま
うというのです。

　こう言われて、はっとしました。
　実際に「英語を使って何かをする」というときは、絶
対に「単語単体」では使いません。
　受験のときは、「この単語の意味は？」と、単語単体
で知っていればクリアできる問題も多く、そのためには
必要な勉強方法だったのかもしれません。ただ、「話す」
とか、「書く」ための「ツール」として英語を使う場合は、
文章のなかで使えなくては意味がありません。
　そして、その力をつけるために必要なのは、「単語帳
づくり」ではなく、自分の力で、いま手元にあるものを
パズルのように組み合わせて、「アウトプットする」練

習だったのです。

　単語帳をつくり、それを見つめてはついつい満足してしまう方。つくっただけでは話せるようにならないのです。

≫ ✕辞書機能を駆使しなさい

　先ほど、「辞書がないとダメな人」は話せるようになりませんよ、とお伝えしました。

　実は、「辞書を使って勉強する」というこの勉強方法も、「インプット」をするうえでは有効です。

　自分が使っている単語の意味を調べたり、新しい単語を調べて「へ〜」と思ったりする。そうやって語彙を増やし、「より便利」になったことを感じるうえではとてもよいと思います。

　しかし、話すときに、「困ったら辞書を使えばいいんだよ！　最近はスマホにも辞書機能がついているだろ！」というアドバイスは危険です。

　たしかに手元に常に辞書があるというのは、一見便利な気がします。しかし、これを使って英語を話している限り、「話せる！」という自信はいつまでたってもつかないのです。

「話す」ということに関しては、「辞書」というのは、最後の最後の最後の手段だと思ってください。実際、会話中に辞書で単語を調べることはできません。

辞書に頼ることをやめる。

それだけで、いまある自分の力でなんとかしないといけない、というメンタリティーになり、まったく新しい感覚を身につけることができるのです。

それが、「どうしよう……助けて～！」から、「どうしたら、うまくいくかな？」と問題と向き合う姿勢です。そうすれば、問題解決能力もおのずと伸びてくるはずです。

ぜひ、「話すんだ！」ということに集中して、辞書機能を封印してみてください。

≫ ✕まずフレーズ本を暗記しなさい

単語だけ暗記することの危険性は、先ほどお話ししました。それでは、「フレーズ本を買ってきて、それを覚えればいいんだよ！」というアドバイスはどうでしょう？

単語だけではなく文章で覚えることで、「その単語がどんな風に使われているのかを知る」という意味ではよさそうです。

しかし、これもまた、「話す」能力を伸ばすうえでは、

足かせになっているケースがあります。

それは、「このフレーズ覚えたのに〜！　出てこない〜！」と、固執する人が続出してしまうから。

3日前に覚えたフレーズを、すらすらと言える人がどれくらいいるのでしょうか？

何度もくり返すことで記憶は定着するのですが、「いつ使うともしれないフレーズ」をひたすら覚えるというのは、かなり骨が折れます。

さらに、「暗記」をすることで、「これが正解だ！」という意識が生まれ、その文章をすべてすらすら再現できないといけない、という思いにとらわれてしまいます。結果、出てこない自分を責める→自信につながらない→という悪循環に陥ります。

一番の問題は、「受け身」でいること。いざというとき本当に必要な力は、「自分で能動的に文章を作り出す力」です。

>> ✕文法は、とにかく最初にマスターしないと！

文法は、ある程度便利です。これさえ身につけておけば、ルールに沿って、伝えたいことを組み立てられるようになります。

そこで、英語を話したい！　となったとき、

「とにもかくにも文法が弱いから、文法を完璧にしてから話す！」

　と、ひたすら文法を勉強することに時間を割いてしまう人がいます。

　しかし、本当にそうなのでしょうか？

　たしかに、文法は便利です。ところが、「話す」ために一生懸命文法を学び、そしてその文法の鎖につながれてしまったら？

　「正しい文法をとにかくマスターしなくては！」とインプットの勉強に明け暮れることは、こと「スピーキング」上達のうえでは少し遠回りです。

　文法は、あくまで「自然に理解してもらえる語順」。そればかりを勉強していても、**「応用する力」「言葉を組み立てて、アウトプットする力」** がないと宝の持ち腐れです。

　実は、私はこと「会話」においては、**文法は中学レベルまでマスターしたら、あえて必死に勉強する必要はない**のではないかと思うのです。

　と、セミナーでお伝えすると、必ず、「中学レベルの文法がないんです！」と言う生徒さんがいらっしゃいます。

ところがお話を伺っていると、「中学レベルの文法力」
……お持ちなのです。

　なぜか、「自分にはない！」と信じて疑わないのです。

　たとえば、みなさんは、以下の文を理解できるでしょ
うか？

> I have a pen.
> Is he OK?
> Where do you want to go?
> She can't go swimming.

　これが理解できてしまえば、中学レベルの文法は、ひ
とまずオッケーということにしてみてもよいと思いま
す。これ以上の文法は、使っていくうちに「それ、使え
たら便利そう！」という気持ちになって初めて、イン
プットしてみてください。

≫ ✕映画を字幕なしで見なさい

「英語を勉強して、どんなことをしたいですか？」

　こう生徒さんに質問すると、「海外の映画やドラマを
字幕なしで見たい」という答えをもらうことがありま
す。

　これを聞くたびに、私は高いところに目標を持ってい

117

くなあ～……と思ってしまいます。

　初めて登山をする人に、

「どこを目指しますか？」

　と聞いて、

「ええ、まずはエベレストですかね」

　と、答えているかのような感覚です。

　映画やドラマでの会話は、すさまじい早口です。単語ひとつ聞き落とすとストーリー展開がわからなくなるものも多くあります。それを理解するには、**本当に高いレベルの英語力が必要です。**

　にもかかわらず、巷には、

「とりあえず、集中して聞いていればわかるようになるから、字幕を消して見続けなさい」

　というアドバイスがあります。

　私も当初、このアドバイスの通り、字幕を消して見続けてみたことがあります。

　しかし、1カ所つまずくと、もうダメ。

　物語の前提がつかめなかったり、キーパーソン的存在の人が放った一言で、いきなりストーリーが展開したりして、何がなんだかわからなくなる……。

　結果、「全然ダメだ……」と落ち込んだ経験があります。

考えてみれば、映画やドラマは、「予想だにしない展開」というものを織り込んでつくられています。「先回りして、こんな感じになるんだろうな〜」と予測のつく日常会話と違った展開になるのは、あたりまえのこと。

　そこに面白さがあるのだから、当然といえば当然なのですが。

　それでも、「英語が好き！　どうしてもこれを理解するんだ！」というモチベーションが高い人たちは、そのまま映画を見続けることで、目標を達成することができるかもしれません。

　しかし、それを苦しいと感じるようであれば、違う勉強方法を模索してみてください。

　私が思う「理想の勉強」の条件は、「面白い！」と思えること。企業研修やセミナーなどでも常に言うのは、「笑いなくして、学びなし」という考え方です。

　映画やドラマそれ自体を「楽しい！」と思えるのであれば、ぜひそれを「うまく使って」勉強してみてください。

　ただ、「最初から字幕をすべて消して見る」というのはおすすめしません。それより、まず日本語字幕で見て、物語の流れを把握し、その後に英語字幕にしてみる、という流れをおすすめします。日本語音声で、英語字幕にしてみるのもありです。

そこで、意識を向けてみてほしいことは、**日本語訳と元の英語との違い**です。

「え！　なにこの違い！」

と驚くことが勉強になると思います。

英語で実際に話されていることが、自分が想像していたのと完全に違っていることに気がつくはずです。それを体感できるのが、この勉強方法の醍醐味です。

この日本語訳だったら、ほかにどんな英語で表現することが考えられるか。

それに思いを馳せることは、とても勉強になると思います。

≫ ✕英語は英語で考えなさい

英語を話せない理由は、「英語で英語を考えていないからだ」という理論があります。そして、「どうしても日本語から考えてしまう！」と頭を抱えている生徒さんもいらっしゃいます。

「青木先生は、英語で英語を考えているんですよね？」と、恨めしそうな目で私を見るのですが、実は、私自身、英語を英語で考えているという感覚はあまりありません。

私の感覚は、いうなれば、**入ってきた英語がそのまま脳内で映像になる**感じです。話すときも同じように、映

像のなかで主語と動詞をピックアップして文章にしています。

　そして、これができるようになるまで、私はひたすらその訓練をしていたかというと……そんな訓練は、一度も受けたことがありません。

　かなり長い間、私は伝えたいことを「日本語で一度咀嚼して」それを英語に変換していました。それが、ある一定の時期を過ぎると、勝手に映像に変換されるようになったのです。

　こうなってからは、むしろ人が話している英語を日本語に変換することに時間がかかるようになりました（笑）。

　いまにしてみれば、最初から「英語は絶対に英語で考えるんだ！」と躍起になっていたら、きっと話すことができなかっただろうな、と思います。

　せっかく大人になって、**日本語を使いこなせる力が**ついているのですから、それをうまく利用してみてください。

　「英語で考えないと、話せるようにならない！」という思い込みを捨てて、「**まずは言いたいことをどんどん英語にしてみる**」快感を味わっていってほしいのです。

第 **5** 章

実践
なんでも英語で
言っちゃおう

それではここで、
これまでご説明した全体の流れを総動員して、
英語にしにくい表現を英語にしていくプロセスを
たどってみようと思います。

QUESTION

日焼けしたね〜！

日焼け？

夏休み明けの同僚を見て一言言いたいとき。
「あれ？　日焼けって何ていうんだっけ？」と止まってしまったシーンで考えてみましょう。

IMAGE

第**5**章　実践　なんでも英語で言っちゃおう

125

IDEA

「日焼け」は辞書に、「tanning」と載っています。
　肌が赤くなって痛いときは、「got sunburned」
　黒くなって痛くないときは、「got suntanned」
　と、状態によっても言い方が変わってきます。
　しかし、この場合は「日焼け」という表現がなくても、「自分が本当に言いたいこと」、つまり「コア」の部分は意外と伝わります。
　頭のなかに「日焼け」をイメージすると同時に、「日焼けしたね〜！」と言いたい自分の真意、いわゆる「コア」が何なのかと向き合ってみましょう。

　　「日焼けしたね〜！」
　　　　↓
　　「なんか、違う人みたい！」
　　「夏休み、楽しんだって感じだね〜」

と、こんな感じでしょうか？
　さて、この「本当に伝えたいコア」をつかんだら、3語を意識して英語に当てはめていきます。

まず、主語として使えそうなもの。

「your skin（あなたの肌）」を主語にした場合、「焼けてる」がわからないと言えなそうなので……ここでは「you」かな？

動詞は……「enjoy（楽しむ）」や、「go（行く）」なんかも使えるかもしれません。相手が夏休み前と違って見えるなら、「look different」も使えるかも。ということで、

You look different! Did you go to Hawaii?
（別人みたい！　ハワイ行ったの？）

You look like you enjoyed summer vacation!
（楽しんだみたいだね！　夏休み）

こんな表現ができれば、「日焼け」という単語がわからなくても、あなたが伝えたい「コア」の部分が伝わって、話が広がるはずです。

ここで2章で紹介した魔法のボックスを埋めてみます。思いついた表現をどんどん書き込んでいきましょう。

第**5**章　実践　なんでも英語で言っちゃおう

**日焼け
したね〜!**

Your skin got sunburned.
（日焼けしたね）

You look different!
Did you go to Hawaii?
（別人みたい！
　　　ハワイ行ったの？）

You look like you
enjoyed summer vacation!
（楽しんだみたいだね！
　　　　夏休み）

You are browned by the sun.
（日焼けしたね）

QUESTION

お盆だから激混みだよ。

激混み?

同僚との会話で、「お盆だからね〜、どこに行っても激混みだよ」と言いたいシーンで考えてみます。

第5章 実践 なんでも英語で言っちゃおう

まず頭のなかにイメージするのは、「みんなが帰ろうとしているところ」であったり、「道路に車がびっしりの図」。

そこから、英語にできそうな部分を探しつつ、同時に頭のなかで「言いたいことのコア」をつかみながら言い換えていきます。

ここで使えそうな主語は、
「みんな」→「みんな帰る。生まれた町に」
「車」→「車動く。めっちゃゆっくり」
などでしょう。すると、

Everybody goes back to their hometown by car.
（みんな帰省する。車で）

Cars move very slowly since it's very crowded.
（車動く。めっちゃゆっくり。混んでるから）

などと言えます。

「お盆だ」と「激混みだよ」を2つの文として表現することもできます。しかし、ここで伝えたいことの「コア」の部分は「お盆」ということではなくて、「このシーズンは」という雰囲気ではないでしょうか。

そこで、文章の最後に
　　in this season（この時期は）
とか、共通認識で「お盆」がわかれば、いっそ
　　during obon（お盆の間）

などと入れると、1文で言えてしまいます。

Cars move very slowly since it's very crowded. （車動く。めっちゃ　ゆっくり。　　混んでるから）	It will take forever if I go by car in this season. （永遠につかないよね。　車で行ったら。　　この時期）
There will be so much traffic during obon. （渋滞いっぱいだよ。　お盆の時期は）	Everybody goes back to their hometown by car. （みんな帰省する。　車で）

お盆で
激混み

QUESTION

ちゃんとしろよ！

ちゃんと？

新入社員がふわふわしていて、もっとしっかりやってもらいたい！　そう思ったとき、英語なら何といえるでしょうか？　そもそも、「ちゃんとする」は動詞になるのでしょうか？　より具体的に、イメージしてみてくださいね。

第5章　実践　なんでも英語で言っちゃおう

お気楽社会人　　まじめ社会人

　学生気分の抜けない新入社員に、「ちゃんとしろよ！」と言おうとしたとき。「ちゃんとする」という単語は英語にしにくいですよね。

　そんなときは、「**ちゃんとしていない人**」**を頭のなかにイメージしてみてください**。

　すると、そんな「ちゃんとしていない人」になるな！ということで、「ちゃんとしろよ！」を伝えることができます。

　たとえば、「ちゃんとしていない人」というのは、「子どもっぽい人」であったり、「自分で考えていない人」だったりします。その場合、

「ちゃんとしろよ！」

　↓

「お前はもう、子どもじゃないんだぞ！」

と日本語でほぐしてから、

　　　You are not a child anymore.

と伝えることができます。さらに、

「ちゃんとする」

　↓

「自分で考えろ！」

　ということであれば、

　Use your brain.

　（脳みそ使え）

と伝えることもできますよね。

　You already know what is right, don't you?

　（何が正しいか、もうわかるだろ？）

　と、優しく伝えることだってできるはず。

「ちゃんとしろよ！」のなかに含まれている、「自分が
最も伝えたいこと」に気づいてください。

Use your brain. （脳みそ使え）	Act like an adult. （大人としてふるまえ）
You already know what is right, don't you? （もうわかるだろ？ 　　何が正しいか）	You are not a child anymore. （もう子ども 　　じゃないんだぞ）

ちゃんと
しろよ!

第5章 実践 なんでも英語で言っちゃおう

QUESTION

ベテランですね！

ベテラン？

会社にいるベテラン社員の方に仕事を教えてもらいました。
「いや〜、助かりました！ ○○さん、ベテランですね！」
と言おうとして、「あれ？ ベテランって、英語？」と止まってしまったら……？
どうすれば表現できるでしょうか？

IDEA

「ベテラン」というのは、実は英語です。それをそのまま使っても相手には伝わります。

しかし、どんな発音なんだろう？ とか、これって英語？ という疑問が湧いてきた瞬間に、違う表現だと何なら言えるかな？ と考えてみてください。切り替えの早さが、会話には大切です。

さて、この「ベテラン」な相手のことを観察してみましょう。**何が彼女を「ベテラン」たらしめているのか。**「ベテランな人」をイメージしてみてください。すると、
「経験を持っている」
「なんでも知っている」
という表現が出てくるかもしれません。

そこで、語順を主語＋動詞＋それ以外に変えてみると、

  You have a lot of experience.
  （あなたは持ってる。たくさんの経験を）

You know everything!
（あなたは知ってる！　なんでも）

と表現できますね。

さらに、「あなた」以外を主語にすることもできます。

たとえば、ベテランであるあなたを前にして私がどう思うのか、という視点を持つと、

「ベテラン！」→「すごい人だ…」→「尊敬しています」

ということが「言いたいこと」となるので

I respect you.

という表現ができます。

また、他者の視点を持って、「ベテラン！」→「頼れる！」という風に考えて

Everybody is counting on you.
（みんな、頼りにしています。あなたのことを）

と表現してもいいかもしれません。

第**5**章　実践　なんでも英語で言っちゃおう

I respect you. （私は尊敬しています。 あなたを）	You know everything! （あなたって 　　知ってるよね！ 　　　なんでも）
Everybody is counting on you. （みんな、頼りにしています。 　　あなたのことを）	You have a lot of experience. （あなたは持ってる。 　　たくさんの経験を）

ベテラン
ですね!

QUESTION

役目を終えた。

役目?

研修が終わって、これから独り立ちできるように新人を鍛えあげた。
「さあ、私の出番はここまで。役目は終えた。あとは、君たち、頑張るんだぞ」と言いたいシーンでの「役目を終えた」。あなたなら何と言いますか？
「役目……？」と思っても、大丈夫！ イメージを膨らませましょう！

第5章 実践 なんでも英語で言っちゃおう

IMAGE

　これまでは、新人さんたちをサポートすることが自分のミッションだった「私」。だけど、今日からは君たちは自分だけでもうできるだろう。
「役目を終える」をイメージしてもらうと、そんな「日本語①→日本語②」にほぐせると思います。

　すると、考えられる主語は、まず「あなた」。

> You can survive without me from now on.
> （あなたは生き残れる。私なしで。これから）
>
> You don't need me anymore.
> （あなたは必要としない。私を。もう）

　こんな風に、あなたがもう大丈夫だということを示すことができます。
　さらに、主語を「私」にすると、

> I've done my part (my job).

（私は終えた。自分のパート〈私の仕事〉を）

などと言い換えることができます。
さらに「私のミッション」を主語にしたら、

My mission is finished.
My mission is all done.
（私のミッションは、終えられた）

などと表現することもできますね。

My mission is all done. （私のミッションは終わった）	I've done my part. （私はやった。 　　　私のやるべきところを）
You can survive without me from now on. （あなたは生き残れる。 　　　私なしで。これから）	You don't need me anymore. （あなたは必要としない。 　　　私を。もう）

役目を
終えた

＼ ほかにも！ ／
＊I've done my job.
＊My mission is finished.

QUESTION

質問があれば、遠慮なくお願いします。

遠慮？

第5章 実践 なんでも英語で言っちゃおう

英語でのプレゼンテーションや、会議中によく使う表現です。こういう「いつも使う表現」は、丸暗記しておくのも手なのですが、うっかり忘れてしまったり、ぱっと出てこなくて焦ることのないように、言い換えの練習をしてみましょう。

「質問があれば」を、「If you have (any) questions,」としたあと、「遠慮なくお願いします」の部分で迷ったら、前ページのようなイメージを頭に描いてみましょう。

すると、「あなた」を主語にすることで、

You are welcome to ask.
(ご質問は歓迎です)

ということもできますし、「私」を主語にして、

I am happy to answer.
(喜んでお答えします)

という表現をすることで、「遠慮なく」を伝えることもできます。

単純に「(質問があったら)教えてくださいね」と伝える意味で、

Please let me know.

という表現も可能です。

　よく使う表現では、「Do not hesitate to 〜」で、「遠慮なく（躊躇せずに）〜してください」というものもあります。
　これを知っていたら、

Please do not hesitate to ask.
（躊躇せずに聞いてください）

とも言うことができますね。

If you have any questions, you are welcome to ask. （ご質問は歓迎です）	If you have any questions, please do not hesitate to ask. （質問があれば、どうか　　　躊躇しないでください）
If you have any questions, I'm happy to answer. （質問があれば、　　　喜んでお答えします）	If you have any questions, please let me know. （質問があれば、どうか　　　知らせてください）

質問は遠慮なく

QUESTION

弊社は品揃えが豊富なことが特徴です。

品揃え？

さて、これを英語にしようとして、固まってしまう人は多いはず。
まず、「豊富だ」というのは動詞なのでしょうか？ いや、動詞じゃない。じゃあ「持っている」を動詞にして、「豊富な品揃え」？ 「品揃え」という単語は？
やっぱり「単語力」があるかどうかだけが、勝負の分かれ目……なんて思わず、頭のなかにしっかりイメージを描いてみてくださいね。

第5章 実践 なんでも英語で言っちゃおう

　まずは、言いたいことの「コア」の部分を探っていこうと思います。難しい日本語をほぐすイメージです。
　ほぐしながら、イメージのなかにある、主語になりそうなものを探します。すると、お客様である「あなた」がまず見つけられます。そこで、

　　You can find whatever you want.
　　（あなたは見つけることができます。欲しいものをなんでも）

と表現することができます。
　また、イメージのなかには「我々」もいます。そこで、

　　We have everything.
　　（我々は、持っています。なんでも）

と表現できます。もしくは、「我々の会社」を主語に考えることもできますね。

Our company has many items.
（私たちの会社は持っている。多くのアイテムを）

これを元に、中級者であれば

We provide everything you need.
（私たちは提供できます。あなたが必要なものすべてを）

と言ったり、さらに上級者であれば、

We are confident that we can provide anything you need.
（私たちは自信があります。私たちが提供できることを。あなたが必要なものをなんでも）

というような表現にしてみることも可能です。
　英語にしやすい単語を脳内の倉庫から引っ張り出してみてください。
　驚くほどに表現できると思います。

Our strength is our large
selection of products.
（私たちの強みは
　　商品の多さです）

You can find whatever you
want.
（あなたは見つけることが
　　できる。欲しいものを
　　なんでも）

**品揃え
が豊富**

Our company has many
items.
（私たちの会社は持っている。
　　多くのアイテムを）

Our strength is providing
many kinds of products.
（私たちの強みは多くの
　　商品を提供することだ）

QUESTION

代理店を通さず、別ルートで商品を卸せますか？

別ルート？

ビジネスシーンでこう言いたいとき。「別ルート？」「卸す？」と悩んでしまうことがあるかもしれません。
どうやってイメージを広げていけばよいでしょうか？

IDEA

「伝えたいこと」のコアをイメージすると、前ページの図のようになるのではないでしょうか。

そして、「代理店を通さず、別ルートで」ということは、**つまり「直接取引をすること」**という意味だと気がつければしめたものです。

「私たち」が主語であれば→「契約する。直接」

Can we make a contract directly?
(私たちは契約できますか？ 直接)

「私」が主語であれば→「買う。あなたから（直接）」

Can I buy from you directly without using a distributor?
(私は買えますか？ あなたから直接。代理店なしで)

という風にほぐすことができます。

さらに、「私」という主語が望むことを、直接表現す

ることもできます。

「私」を主語にして→「買いたい」

　それ以外の部分は、「代理店からではなく、あなたから」とすれば、とっさに「directly」が出てこなくても、伝えることができます。

I want to get the goods from you, not an agency.

（私は買いたいです。商品を、代理店からではなくあなたから）

I want to get the goods from you, not an agency. （私は得たい。商品を、代理店ではなくあなたから）	Can we make a contract directly? （私たちは結べますか？契約を、直接）
Is it possible for us to work together without an agency? （我々は働くことはできますか？代理店なしで共に）	Can I buy from you directly without using a distributor? （私は買えますか？あなたから直接。代理店なしで）

直接取引できる？

ほかにも！

＊Is it possible to not use an agency?
＊I'd be happy if I could get the goods from you, not an agency.

第**5**章　実践　なんでも英語で言っちゃおう

159

QUESTION

新しい社員を雇用する。

雇用?

こう言いたいとき、どれくらい多くの表現が存在するのでしょうか？
実際に社員を雇用しているシーンや、社員が入社したときのシーンをイメージしてみると、英語にしやすくなります。

第 5 章 実践 なんでも英語で言っちゃおう

　このお題では、「**雇用しているシーン**」と、「**新しい人が入ってきた場合**」をイメージしてあげると英語にしやすいです。たとえば、「雇用しているシーン」を考えると、「面接をしている」のは「人事部」。そこで、「人事部」を主語にして、「する」を動詞に持ってきます。

Human resources will do job interviews this year.
（人事部はする。面接を、今年）

「我々」を主語にすると、「雇う」という動詞以外にも、「一緒に働く」という動詞も使えそうです。そこで、

We will be working together with some new people.
（我々は、働く。新しい人と一緒に）

　新しい人を自分たちの領域に入れるという意味で、「have」を使って、

We will have some new members on our team.

でもオッケーです。
さらに、「新しい社員」を主語にして、

Some new people will join the company.
（新しい人が加わる。会社に）

などなど、いろいろな視点を持つことで、できる表現
の数も増えていきますね。

Human resources will do job interviews this year.（人事部はする。　　　面接を。今年）	New employees will be hired.（新しい社員が雇われる）
We will be working together with some new people.（我々は働く。　　　新しい人と一緒に）	Some new people will join the company.（新しい人が加わる。　　　会社に）

新しい
社員を
雇う

＼ ほかにも！ ／
＊We will have some new members on our team.

第**5**章　実践　なんでも英語で言っちゃおう

QUESTION

返金されます。

お送りした商品に不備が見つかり、その分の代金を返金させていただきます。
そんなことを伝えたいシーンで、考えてみましょう！

IMAGE

第 **5** 章 実践 なんでも英語で言っちゃおう

165

IDEA

「返金する」という単語は、実は「refund」という単語でそのものずばり、言い表すことができます。すると、

We will refund the money to your credit card.
(私たちは返金します。お金を。あなたのカードに)

というそのものずばりな表現ができます。しかし、もしも「refund」がすっと出てこなかった場合は、

We will give you your money back.

という風に言い換えることができます。

次にイメージをしてみましょう。お店の人がお客さんにお金を返している絵が浮かんだら、その絵のなかで主語になりそうなものを探します。すると、そこには、「あなた」「お金」の2つがあります。

まず、「あなた」を主語にした場合、動詞「受け取る」を見つければ、

You will receive the money in your credit card
account.
（あなたは受け取ります。お金を。あなたのカードア
カウントに）

と表現できます。

さらに、「お金」を主語にすることで、

The money will be returned to your credit
card.
（お金は戻されます。あなたのカードに）
The money will go to your credit card.
（お金は行きます。あなたのカードに）

というようなシンプルな表現で、お金が返金される旨
を伝えることができるでしょう。

第**5**章　実践　なんでも英語で言っちゃおう

Your credit card will take
the refund.
（あなたのカードは
　　受け取ります。
　　　返金を）

We will refund the money
to your credit card.
（私たちは返金します。
　お金を。
　　　あなたのカードに）

**返金
されます**

The money will go to
your credit card.
（お金は行きます。
　　あなたのカードに）

You will receive
the money in your credit
card account.
（あなたは受け取ります。お金を。
あなたのカードアカウントに）

ほかにも！

＊The money will be returned to your credit card.
＊You will get your money back.

QUESTION

週末は予約が空いていない。

空いてない?

ホテルを予約しようと電話をかけたら、こう言われてしまいました。それを上司に伝えようとしたとき、「空いていないって、何ていうんだ……?」と止まってしまいました。さて、どうしましょう?

第5章 実践 なんでも英語で言っちゃおう

「予約に空きがない」と言いたい場合、前ページのイメージを描くと、「泊まりたい我々」と、「受け入れられないホテル」の2つの主語がまず使えそうです。

そこで、「我々」を主語にすると、「滞在できない」を動詞に使えそうです。

> We can't stay at a hotel on the weekend since they are all booked.
> (我々は、滞在できない。ホテルに、週末。なぜなら、全部予約済みだから)

さらに「彼ら」を主語にすると、「予約を受け入れられない」という表現ができそうです。

> They can't accept another reservation this weekend.
> (彼らは受け入れられない。ほかの予約を。今週末は)

第5章 実践 なんでも英語で言っちゃおう

予約をしたときの、電話の相手の発言を使ってみるの
もいいですね。

They said, "No rooms this weekend."
（彼らは言った。「今週は部屋がありません」と）

ビジネス英語のフレーズ本には、よく「Bookings are
not available for the weekend.」などと載っています
が、知らなくても、これだけ広げることができます。

They said, "No rooms this weekend". （彼らは言った。 「今週は部屋が ありません」と）	Bookings are not available for the weekend. （予約が空いていない。 週末は）
They can't accept another reservation this weekend. （彼らは受け入れられない。 ほかの予約を。 今週末は）	We can't stay at a hotel on the weekend since they are all booked. （我々は、滞在できない。 ホテルに、週末。なぜなら、 全部予約済みだから）

週末は空いてない

＼ **ほかにも！** ／
＊There are no hotel rooms available for the weekend.

QUESTION

競争は激しくなる。

激しく?

「この市場では、これから競争が、激しくなっていくでしょう!」と、社内で熱弁をふるいたいとき。
「激しくなる」って、何ていうんだろう……? と悩んでしまったとしたら、あなたの頭のなかの主語は「競争」ひとつになっています。もっとイメージを広げてみましょう。

第5章 実践 なんでも英語で言っちゃおう

「競争は激しくなる」と言いたいとき、「競争」を主語にしてしまうと「激しい」という単語をしらない限り表現することができません。

そこで大人語を捨てると、「簡単には勝てなくなる」とか「安心していられなくなる」という風に考えることができます。

すると、

It's been easy until now, but it's going to get more and more difficult.
（今までは簡単だったけど、だんだん難しくなる）

と言うことができます。

これがぱっと出てこない場合は、「我々」を主語にして、競争の最中、どんな状況になっているかを表現すると、英語にしやすくなります。たとえば、

We will be under huge pressure in this market.
（我々はいることになる。大きなプレッシャーの

下に。この市場で)

　もしくは、「競争相手（ライバル）が増える」という
ところを意識して、

　　We will have more and more rivals.
　　(我々は、持つ。もっと多くの競争相手を)

と表現することもできます。
　また、「競争相手」を主語にして、「強くなっている」
という表現をすることによって、「競争が激しくなって
いる感じ」を表すこともできますね。

　　Our rivals will get stronger and stronger.
　　(我々の競争相手は、強くなっている。日に日に)

　ちなみに、「競争が激しくなる」をそのままズバッと
いいたいときは、「Competition will be intense.」と表
現できます。

It's been easy until now, but it's going to get more and more difficult.
（今までは簡単だったけど、だんだん難しくなる）

Competition will be intense.
（競争は激しくなる）

競争は激しくなる

Competition will grow day by day.
（競争は激しくなる。日に日に）

We will be under huge pressure in this market.
（我々はいることになる。大きなプレッシャーの下に。この市場で）

＼ ほかにも！ ／

＊ Our rivals will get stronger and stronger.
＊ We will have more and more rivals.

QUESTION

新しい事業連合が始まります。

事業連合？

「つまり、何が始まるのか？」ということに注目しましょう。

第 5 章 実践 なんでも英語で言っちゃおう

「新しい事業連合が始まります」をそのまま訳すと、

  A new business partnership will be launched.

と表現することができます。
　それ以外に、「我々」を主語にすることで、「共に働く」という表現も可能です。

  We will work together with a new partner.
  (我々は共に働く。新しいパートナーと)

  We are going to start a new businesss with them.
  (我々は始める。新しいビジネスを。彼らと)

さらに、「新しいパートナーとなる会社」を主語にして、「決めた」という動詞が使えることに気がつけば、

  The new partner company was decided.

（新しいパートナーとなる会社が、決められた）

と表現できます。

ここでは、イメージしたもののなかから「我々」と「パートナーとなる会社」を主語にできると気がつけば、「新しい事業連合」という無生物主語はいらなくなります。「単語を知らないと表現できない」という壁から解放されるのです。

We're going to start a new business with them. （我々は始める。新しいビジネスを。彼らと）	A new business partnership will be launched. （新しい事業連合が始まる）
新しい事業連合	
The new partner company was decided. （新しいパートナーとなる会社が、決められた）	We will work together with a new partner. （我々は共に働く。新しいパートナーと）

QUESTION

電話をおつなぎします。

つなぐ？

この会社に入れば、将来英語を使うこともないだろう……と安心していた人が、「国際化」の波を一番初めに感じるのは、「かかってきた電話が英語だったとき」でしょう。そのとき、とっさに「電話をおつなぎします」と言えるかどうか。さっそく広げてみましょう。

第5章 実践 なんでも英語で言っちゃおう

IDEA

そのものずばりをフレーズ本で調べると、

Let me put you through.

と出てきます。「つなぐ」というのは、「put 〜 through」なのです。

このほか、「connect」を使ってみて、つなぐというイメージを伝えることもありです。

I will connect you to her.
(私はつなぎます。あなたを彼女に)

しかし、これを忘れてしまったときは、まず「確認します」と言ってもいいでしょう。

I will check if she is at her desk.
(私はチェックします。彼女がデスクにいるかどうか)

この場合は、主語はとりあえず「私」ですが、「私」ができそうな動詞がどこにあるかに集中してみてください。

そして、最後に「ちょっと待っててくださいね」と言えば、電話の向こうの相手も安心するはず。

Please hold on one second.（Just a moment.）

うまくその場を切り抜けられるように、いろいろイメージしてみてくださいね。

I will connect you to her. （彼女につなぎます）	Let me put you through. （おつなぎします）
I will check if she is at her desk. （確認します。 　彼女がデスクにいるか）	Please hold on one second. (Just a moment.) （ちょっと待ってて くださいね）

電話を
つなぐ

QUESTION

彼、今週は都合が悪いのです。

都合が悪い?

あなたがもし社長秘書で、「社長は今週は都合が悪いのです」と伝えたい場合、どのように表現するでしょうか?

「今週は都合が悪いのです」をそのまま訳すと、

He is unavailable until next week.

となります。
　しかし、「unavailable」がぱっと出てこなかった場合、「つまりどういうことか」というコアの部分をしっかり意識すると、「来週なら大丈夫」ということのはず。そこで、

He will be OK next week.
（彼はオッケーです。来週は）

He can meet you any day after Sunday.
（彼は会えます。あなたに。日曜のあとならいつでも）

と伝えてあげてもよいでしょう。
　さらに、「来週のスケジュール」を主語にして、

His schedule next week is free.
（彼の来週のスケジュールは、自由です）

あるいは「あなた」を主語にして、

You can make an appointment with him after this Sunday.
（あなたはつくれます。彼と約束を。日曜のあとなら）

などの方法があります。

You can make
an appointment with
him after this Sunday.
（約束できます。彼と。
　日曜のあとなら）

He is unavailable until
next week.
（彼は都合が悪いです。
　来週まで）

今週は都合が悪い

His schedule next week
is free.
（彼の来週のスケジュールは、
　自由です）

He will be OK next week.
（彼はオッケーです。
　来週は）

＼ほかにも！／

＊He is free next week.
＊He can meet you any day after Sunday.

第**5**章　実践　なんでも英語で言っちゃおう

189

QUESTION

この曲、懐かしい。

懐かしい?

同僚とカラオケに行って、流れてきた曲が青春時代の懐かしい曲だった。そんなときに、「この曲、懐かしい〜!」と叫びたくなりました。
だけど、「This song is……懐かしい?」。
さて、どうしましょう?

第 5 章 実践 なんでも英語で言っちゃおう

IDEA

　みなさんの頭のなかから「懐かしい」という単語を調べるための辞書を追い出して、イメージを描いてください。

「この曲、懐かしい！」と言いたいとき、伝えたい「コア」の部分は、「よく歌ったな〜」とか、「よく聞いてたな〜」ということ。さらにいうと、「**この曲聞くと、昔を思い出すな……**」ということではないでしょうか？

　だとしたら、このイメージのなかにある主語を見つけ出してください。

> I was always singing this song.
> （私はよく歌った。この歌を）
>
> This song brings me back to my childhood.
> （この曲は持ってくる。私に、子どものころの思い出を）

などと表現できるでしょうか。
　さらに、たとえば春が来るたびに思い出している気が

するなら、

When spring comes, I remember this song.
（春が来ると、私は思い出す。この曲を）

みたいに表現してあげることもできますね。

This song brings me back to my childhood. （この曲は持ってくる。 　　私に、子どもの 　　　ころの思い出を）	I was always singing this song. （私はよく歌った。 　　　この歌を）
This song reminds me of old memories. （この歌は思い出させる。 　　　古い思い出を）	When spring comes, I remember this song. （春が来ると、私は 　　思い出す。この曲を）

懐かしい

第5章　実践 なんでも英語で言っちゃおう

QUESTION

同窓会に行った。

同窓会？

「同窓会」という単語を知らないと固まってしまいませんか？
さて、みなさんは同窓会に行って何をするでしょう？
日本語から離れて、リアルにイメージしてみてください。

第 5 章 実践 なんでも英語で言っちゃおう

IDEA

「同窓会」という単語への固執を捨てて、実際に何をするかをイメージしてください。
　同窓会って、結局は
・昔の友人に会う
・パーティーをする
　ってことですねよ（笑）。
　ここでは、「私」と「○○時代の友達」を主語にできます。「私」が主語であれば、使えそうな動詞は「会う」でしょうか。すると、

I met my friends from school.
（私は会った。学生時代の友達に）

と表現することができます。
「同窓会」的な空気を出すなら、そのあとに、

It's been 30 years!
（30年ぶり！）

を加えてもいいかもしれません。

　また、「高校時代の友達」を主語にするなら、「パーティーを開いた」でいけそうです。

My high school friends had a party last week.
（高校時代の友達がした。パーティーを。先週）

こちらも、同窓会的な雰囲気を出して、

They changed a lot!
（みんな変わってた〜！）

と付け加えると、話も広がりそうですね。

I had a high school reunion last week. （高校の同窓会が 　　あった。先週）	I went to see my old classmates last week. （会いに行った。 　　古いクラスメートに。 　　　　先週）
My high school friends had a party last week. They changed a lot! （高校時代の友達がした。 　　パーティーを。 　　　みんな変わってた〜！）	I met my friends from school. It's been 30 years! （学生時代の友達に会った。 　　30年ぶり！）

同窓会に行く

第**5**章　実践　なんでも英語で言っちゃおう

197

デザートは、別腹です。

会社の飲み会で、たっぷり話をして、たっぷりご飯を食べて、いよいよお開きか……？ というタイミングで出てきたデザート。お腹いっぱい食べたのに、見た瞬間「いける気がする」と思ったあなた。よくあります（笑）。
さて、この「デザートは別腹です」。どのように広げられるでしょうか？

第5章 実践 なんでも英語で言っちゃおう

IDEA

まず考えられる主語は、「デザート」「私」です。「デザート」を主語にした場合、「行く」を動詞で使って、どこに？→「違う場所に」と考えると、

Dessert goes in a different place.

と表現することができます。また、

I have room for dessert.
（私は持ってる。デザート用の場所を）

という表現もできます。ただ、これは知らないとなかなか出てこない表現ですよね。そこで、
　お腹いっぱいだった→でも食べられちゃった→不思議〜

のような流れで3つの文をつくるのも手です。

I was full, but I can eat dessert.
（私は満腹。でも、食べられる。デザートを）

What a mystery.
（なんて不思議〜）

「お腹いっぱい」がわからない場合は、「もう食べれない」という否定形で表現しても大丈夫です。

I can't eat anymore.
（私は食べられない。これ以上）
But I can eat ice cream somehow.
（だけど、私は食べられる。アイスを。なぜか）

または、デザートを見た瞬間、お腹がいっぱいだったのを忘れてしまった。なんていう風に言い換えることもできます。

I totally forgot I was full when I saw the sweets.
（私は完全に忘れた。お腹いっぱいなことを。デザートを見たとき）

いろいろ言い換えられますね。

第**5**章　実践　なんでも英語で言っちゃおう

Dessert goes in a different place.
（デザートは別腹です）

I was full, but I can eat dessert. What a mystery.
（満腹だけど、食べられる。
　デザートは。
　　不思議〜）

I can't eat anymore. But I can eat ice cream somehow.
（これ以上食べられないけど、
　なぜか食べられる。
　　アイスクリームは）

I totally forgot I was full when I saw the sweets.
（完全に忘れた。
　お腹いっぱいなことを。
　　デザートを見たら）

デザートは別腹

QUESTION

これ、日持ちしますか？

日持ち？

旅行に行ったとき。お土産を買おうと思ったものの、これ、いつまで日持ちするんだろう……と疑問に思ったシーンを想像してみてください。

第5章 実践 なんでも英語で言っちゃおう

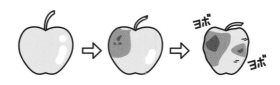

「これ、日持ちしますか?」と聞きたいとき、あなたのなかで「知りたいコアの部分」というのはどこにあるでしょうか?
「いつまで食べられるのか?」「いつまでいい状態か?」ということではないでしょうか?
「私」を主語にして「食べる」を動詞に持ってきて考えると、

Until when should I eat this?
(いつまでに食べればいいですか?)

という文をつくることができます。
しかし、この「Until when」を使って表す文は語順が難しいですよね。そこで、

Should I eat this quickly? Like tomorrow?
(すぐに食べたほうがよいですか?　明日とか?)

と聞いてしまう手もあります。

さらに、「これ」を主語にして聞く方法もあります。
「〜のままでいる」という意味の stay を使えば、

Does this stay good for a long time?
（これ、保たれますか？　長くいい状態が）

と聞くこともできます。もしくは、

How long does this stay fresh?
（いつまで新鮮ですか？）

と聞いてしまうのもありです。

How long does this stay fresh? （いつまで新鮮ですか？）	Should I eat this quickly? Like tomorrow? （すぐに食べたほうが よいですか？ 明日とか？）
Does this stay good for a long time? （これ、保たれますか？ 長くいい状態が）	Until when should I eat this? （いつまでに食べれば いいですか？）

**日持ち
しますか？**

QUESTION

寝台特急に乗りたいのですが。

寝台特急？

旅行に行くと、ぱっと出てこない単語のオンパレード。たとえば、「寝台特急」。ぱっと出てこなかったら、もう乗り方も聞くことができないのでしょうか？
そんなことはありません。
知らないなりに、説明してみましょう。

第5章 実践 なんでも英語で言っちゃおう

「寝台特急」と一言で言おうと思うと、詰まってしまう……。そんなときは、いっそ**相手にクイズを出して、相手のボキャブラリーを使いこなしましょう**。

> What do you call a train that has beds?
> (何て呼びますか？ ベッドがついてる電車のことを)

What do you call……と始めた時点で、相手は「クイズ？」的な姿勢で答える準備をしてくれます。

もうひとつ使える方法は、シンプルに説明してみるというものです。そのとき、「コア」の部分を大切に。

> I want to ride a train with a place to sleep.
> (私は乗りたい。寝るところがついてる電車に)

> I want to sleep in a train bed.
> (私は寝たい。電車のベッドで)

頭に浮かべたイメージのなかにある、「ベッド」「寝る」
という単語を見つけ出せると比較的説明しやすくなりま
す。

What do you call a train that has beds? （何て呼びますか？ 　ベッドがついてる 　電車のことを）	I want to ride a train with a place to sleep. （私は乗りたい。 　寝るところがついてる 　電車に）
It's a long-distance express. So, I need to sleep in a bed. （長距離だしね。 　私はベッドで眠る 　必要がある）	I want to sleep in a train bed. （私は寝たい。 　電車のベッドで）

寝台特急に乗りたい

「おわりに」に代えて

本当は、
英語力は問題じゃない

1 本当に大切なのは何か？

私の生徒さんにHさんという方がいます。とても優しく、思いやりがあり、温かい雰囲気の女性です。

彼女が、私のところに相談に来たのは、3年前の秋でした。

「英語が、どうしてもうまくならないんです……」

涙目になりながら訴える彼女を見て、どうにかして力になりたいと思った私は、英語プレゼンコンテストに出場することを提案しました。

「捨てる英語スクール」で主催している英語プレゼンコンテストでは、自分の体験を題材に、10分間の英語プレゼンテーションをつくってもらいます。その過程で英語脳をつくりあげ、人前で発表することによって力を伸ばす、というやり方です。

絶望していたHさんですが、やる気と行動力は人一倍。二つ返事で「お願いします！」とのこと。

そこから、**なぜ彼女が「英語がうまくならない……」と感じたのか**、過去の事実の洗い出しをしていきました。すると、彼女のこれまでの経験がポロポロと出てきました。

実は彼女はオーケストラの海外演奏者をアテンドするという仕事をしているのですが、そのアテンドの際に事件は起きました。

演奏者はみな、大きい楽器を持って移動します。そして楽器はとても大切なものです。ある日、リハーサルが終わり、電車で彼らを送っていこうとしました。

目的地に早く着くのは急行でしたが、夕方5時を過ぎていたこともあり、電車はラッシュでとても混雑します。

楽器を持って満員電車に乗せるのは大変だろう。各駅停車は少しだけ時間はかかるけど、座っていけるし楽器も安全だから、と各駅停車の電車に案内しました。

すると、ヨーロッパ人演奏者に言われたのです。

「なぜ、この電車を選んだの？　僕は、急行も停まることを知ってるんだよ」

一瞬焦ったHさんは、説明しようとして固まってしまいました。そして、

「Because……」

　それだけしか言えず、あとが続かなかったのです。

「急行って、何て言うんだろう……」
「満員って何て言うんだろう……」

　すると、何も言わないＨさんに向かって、彼が言いました。

「もういい！」

　そして、彼は急行電車に飛び乗り、慌ててＨさんもあとに続きました。

　自分は、案内さえも満足にできないのか……。
　もともと思いやりがあって、優しい彼女は、とても落ち込みました。こういう出来事が、彼女の自信を打ち砕いていたのです。

　私たちはこれを元に、英語のプレゼンテーションをつくりました。
　まず、着目したのは、**「失敗の原因」**と**「どうしたら、**

213

次は同じことが起きないのか？」という点です。

彼女に聞くと、「急行が停まることはわかっているけど、あっちは満員だし、各駅停車のほうが座れるから」と説明できたら、きっとこんなことにはならなかった、とのこと。つまり、「急行電車」と「満員」という単語さえ知っていれば解決した、という認識でした。

しかし、**本当にその2つの単語さえわかっていれば、この問題はもう起きないのでしょうか？**

次に同じことがバスで起きたら？

タクシーに乗らなければならない理由があって、それを説明するときは？

実生活で英語を使う場面では、その都度、いろいろなシーンが出てきます。

覚えても覚えても、知らない表現だらけ、と思っている間は、どう頑張っても自信なんてつきません。

そのとき私がアドバイスしたのは、「**失敗の原因は、いま彼に言うべきことを示せなかったこと**ではないか」ということでした。

彼の気持ちになって考えてみましょう。

彼は疲れています。

早く帰りたい。楽器だって重い。

次の電車は、35分発の急行。なのに、彼女はなぜか40分発の各駅停車に乗せようとしている。

彼は、「Why?」と理由を聞きましたが、「Because……」と言ったきりまごつく彼女に我慢ならなかったわけです。

このとき、とっさに何を言ったら、彼は辛抱強く彼女の言葉を聞く気になったでしょうか?

Don't worry.（心配しないで）

Trust me.（信用して）

There is some reason. Let me explain.

（理由があるの。説明させて）

もし、**彼女が一番最初に発した言葉がこちらだったならば、同じ問題は起きなかったのではないでしょうか。**

彼女は、「この表現だったら、とっさに出てきたのに……」と、驚きの表情を見せていました。

それと同時に、彼女はこう言いました。

「英語にとらわれすぎて、大切なことに目が向いてなかった」と。

215

彼女は、英語プレゼンをつくる過程で当時の自分の気持ちを振り返り、次に彼が来日したらどんな風にふるまうか、あのとき何を考えていたかを説明できるようにする！　と渾身の10分プレゼンをつくりあげました。

自分の問題点が、英語ではなかったことに気がついた彼女は、「**いま、自分のやるべきこと**」「**言うべき言葉**」に意識を向け、集中することで、多くの信頼を得られるようになったと、胸を張りました。

ちなみに、これには後日談があります。

1年後、強い信頼を勝ち得た彼女は、またアテンドを担当することになりました。そして、その演奏者にこう言われたのです。

「僕の、専属になってくれ」

あなたの抱えている問題は、実は英語ではない可能性があるのです。

2 「英語を話す」ではなく、「信頼を得る」をゴールにする

アンソニー・ロビンズ氏は、その著書『世界No.1カリスマ・コーチ　アンソニー・ロビンズの「成功法則」

――人生に奇跡を起こす 12 のステップ』（クリス岡崎訳、PHP 研究所）のなかでこう語っています。

　　人間の脳の記憶容量の巨大さには、疑問の余地はない。
　　事実、人間の脳の記憶容量をコンピュータのハードディスクにたとえるなら、12.5 テラバイトに相当するそうだ。これは、漢字に換算すると 6.25 兆字分で、400 字詰め原稿用紙で 160 億枚、新聞に換算すると 200 万年分の情報量ともいわれる。
　　とはいえ、収納されている場所から『記憶』をどう引き出し、どう使うか。それを理解していなければ、これだけの膨大な容量も無用の長物にすぎない。
「自分の脳というデータバンクから、どうやったら欲しい情報を引き出すことができるのか？」
「それは『質問』を自由に発するパワーである‼」
　　往々にして、経験を十分に活かせないのは、自分の記憶力のせいではなく、自分の能力をうまく利用できるような『質問』を発していないためだ。

　彼は、**人生を変えたければ、自分自身に対する「質問を変えよ」**と言っています。
　これまで「英語を話せない！」と思っていた人は、「ど

217

うして自分は英語を話せないんだろう……」という質問
を自分に投げかけてはいませんでしたか？

　その質問によって導き出される答えは、すべて「自分
が英語をできない理由」であったはずです。それを自分
に問いかけている限り、脳の膨大な容量のデータバンク
は、「できない理由」だけをあなたに示してくることで
しょう。

　私が「話せる人と、話せない人の大きな違いは？」と
聞かれたら、「自分に対する質問」と答えます。
**「話せない人」は、「どうして自分は話せないんだろう
……」と質問し続け、「話せる人」は、「どうやったら、
伝えたいことを伝えることができるか？」という質問を**
します。

　今日から、ぜひ、「質問」を変えてみてください。

　これまでしてきた仕事は、僕たちが発した「質問」
による結果に等しい。
　したがって、成功し、人生の質を変えたければ、
自分自身や人に何をたずねるかを変えることだ。

（同書より）

　今日から、「質問」の質を変えましょう。

「どうしたら、伝えたいことを伝えることができるだろう」という質問に変えるだけで、あなたの英語力はすでにレベルアップしています。それだけでも、あなたの脳はフル回転して、これまで思っていた以上に、自分の頭に情報がストックされていたことに気がつくはずです。

　しかし、ぜひ、英語に対する壁がここまで低くなっている状態を使って、「その先」を見据えた質問をご自身にしていただきたいのです。

　その質問は、
「どうしたら、相手の信頼を得ることができるだろう？」
　です。

　この質問を自分に投げかけることで、相手の考えていること、必要な情報、かけるべき言葉が、目の前に浮かんでくるはずです。

　そして、この質問を自らにした瞬間に、**「正しい英語を話さなくては！」と相手をひたすら待たせることが、ナンセンスに思えて仕方がなくなるはずです。**

　オーケストラ奏者のアテンドをしていたHさんのように、「相手の視点に立つ」ことで、「英語を使いこなす」以上のものを得ることができるのです。

219

「自分は、相手に伝えきるだけの力を持っている」

　その確信を持っていれば、相手を目の前にしたときに「ダメだ……伝わらない」と折れることなく、「なんとかしてみせる！」という気持ちになります。

　大事なものは、「自分に対する信頼」、そして「自信」です。「ない」前提ではなく、「ある」前提で、挑んでみてください。

「自分に対する信頼」さえ持てれば、投げ出すことなく伝え続けることができます。

　さらに、その上の質問を自分にしてみる。

「どうしたら、『伝わる』以上に、相手との信頼関係を築けるのか？」

　その「質問」が、自分の可能性の扉を開くと私は信じています。

本当の「おわりに」

「英語」以上のことをお伝えしたい。

そう思って、私はこの本を書きました。

この本には、「英語を話せるようになりたい」という方へ向けて、**「英語で表現できない言葉をなくす方法」**という魔法のノウハウを詰め込んであります。

しかし、本当はこれ以上の隠れた目標もあります。

それは、このノウハウを実行していくうちに、「自分のなかにある可能性」に心を躍らせてもらえたら……。あるいは、「自分は、もしかしてできるやつなんじゃないか？」と感づいていただけたら……（笑）、というものです。

私のミッションは、

「英語への自信を自分への自信に変えて、輝く人をつくる」

こと。

イギリスに留学していたときの感情を、ふと思い出す
瞬間があります。

　自分の持っている可能性の大きさと、選択肢の多さ
と、そして、日本で見えていた世界の小ささに愕然とし
ていたあのころ。

　このまま日本で、「慣れ」という一番楽な世界にどっ
ぷりと自分を浸らせていたら、いつの間にか老いて、選
択の余地はどんどん狭められていく。

　周りが「だるい」「疲れた」と言っているのを聞いて、
自分もそれに迎合していたら、きっとそれが「あたりま
え」で「常識」になっていき、自分は弱く、小さく、無
力になっていく。

　この「焦り」にも似た気持ちは、また日常に返ったら
どこかに追いやられて、そのまま葬られていくだろう。
そして、いろんな可能性の余地が姿を消すころに、強烈
に後悔する。

　もっと、動けたかもしれない。
　もっと、いろいろなことに挑戦できたのかもしれな
い。
　そう思う日がくるのかな……。

　そう思いながらも、「広い世界へ連れていってくれる」
はずの英語へのコンプレックスで、私はつぶされそうに

なっていました。

　どうにかしたい。
　でも、どうにもならない。
　才能がないのかな。
　どうして私だけできないのかな。

　そんな気持ちに押しつぶされそうになりながら、それでも自分を諦めることができずにいたとき、見出したのが、この本に書かせてもらった英語術です。

　これを知ってからの私は、まさに「切符」を手にしました。
　世界は広い。
　そして、世界は、面白い。

　あのまま、「自分にはできない」という勘違いを抱えたままだったら……きっと後悔していたと思います。
　かつて、頑張っても頑張ってもできなかった私。
　努力しても、どうあがいても、自分はダメなんだと思い込んでいた少女。
　その私の経験が、少しでも多くの方に届いたら。
　ひとりでも多くの人を勇気づけることができたら。
「自信」を胸に、自分の可能性を広げてもらえたら。

苦しくてよかった。
あなたの役に立ててよかった。
そう思うのです。

　どうか、このメソッドが、あなたに自信をもたらしますように。
　愛を込めて。

　　　　　　　　　　　　すてる英語トレーナー　青木ゆか
Give it a try, you have nothing to lose.

文庫化に寄せて

　2016年の1月にこの『なんでも英語で言えちゃう本』を執筆させてもらった当時、私はまだ東京に住んでいました。

　そして、2018年の10月現在、私はシンガポールに拠点を移し、世界の広さと多様性、その面白さを改めて感じています。毎日自分が日本語を使っているのか英語を使っているのかを忘れてしまうくらい自然に英語を使い、世界中の人とコミュニケーションを取っています。

　同じコンドミニアムに住むイギリス人のママ友の「子育て観」に感動したり、驚いたり。

　向かいのオーストラリア人のママの日々の生活のストイックさに驚かされたり。

　そんな日々の中で、毎日使いこなしているスキルがこの「捨てる英語術」です。

　英語を使えば使うほど、私自身この「やり方」「考え

方」「視点の切り替え方」に救われています。

　現在、この「なんでも英語で言えちゃう」メソッド（捨てる英語術）を講座形式にしてお伝えしているのですが、そのなかである日、
「この講座が終わった直後に英語でのランチ会に行きました。これまで英語でのランチ会は『逃げたくて仕方がなかったもの』だったのですが、今回、生まれて初めて楽しい！　と感じました。捨てる英語術のおかげです！ありがとうございます」
と連絡をいただきました。

　この方法を「知る」だけでなく、ぜひ「使って」みてください。
　腹落ちすればするほど、自由に英語を使いこなせるようになります。

「ある前提」で生き自信のある豊かな人をつくりたい。
　この本を書き終えてから３年の間に、私が感じるようになったことです。
　これまでの英語勉強方法は、「ない前提」で行われるものばかり。本屋に並んでいる書籍も、「あなたには、これが『ない』んですよ」と訴えてくるものばかりです。
　一から学ぶ言語であればそのフェーズ（段階）も、も

ちろん必要です。しかし、中学校を含めて英語をすでに
3年以上学んだことがある人は、もうこの前提を捨てて
よいと思います。

　あなたには「ある」ということを伝えたい。
　そして、「ある」のだとしたら、「何なら伝えることが
できるのか?」それだけに集中してもらいたい。「ない」
という前提に立つと、一瞬英語が出てこないときに「な
いから話せない」と自信はなくなっていきます。でも、
「自分にはある」という前提に立つことができれば、「あ
るから、大丈夫。何か言ってみよう」という気持ちにな
ります。

　今、日本人に英語を教えている先生に対しても同じこ
とを思います。「あなたには『ない』んだよ」と伝える
のではなく「『ある』んだよ」と伝えて欲しい。そして、
自信をもたせて欲しい。
　その「やり方」を、私から発信していこう。そう思っ
ています。

　絶望ではなく、光を。
　「学ぶ苦しみ」ではなく、「伝える喜び」を。

　何かを表現しようとしたとき、意識してもらいたいこ

とは、「話そうとしない。伝えようとする」こと。

　あなたが自分を信頼できる瞬間のために、この本が少しでも役に立ちますように。
　感謝を込めて。

青木ゆか

お得なお知らせ

本書に入りきらなかった「未公開ページ」を
ご覧いただけます。

受け取り方法は簡単です。

1 http://www.suteru-eigo.com/book2/ に
アクセスする。

2 ページにある注意事項を読んで、メールアドレ
スと、3語で解決するための基本ステップ1は
何か？→「○○○○を描く」（本書の71ページ）
を入力してください。

3 メールが届きます。届いたメールに、未公開ペー
ジPDFが見られるリンクが記載されています。

※注意：Yahoo! メール、Hotmail などの一部のメール
では届かない場合があります。迷惑メールフォ
ルダをご確認いただくか、別のアドレスで試し
てみてください。

※ご応募いただいた方には、著者・青木ゆかより、「捨
てる英語」メールマガジンをお届けいたします。

本書は、2016年1月に発行した
同名書を文庫化したものです。

nbb
日経ビジネス人文庫

なんでも英語で言えちゃう本

2018年12月 3 日　第1刷発行
2019年 8 月19日　第3刷

著者
青木ゆか
あおき・ゆか

発行者
金子 豊

発行所
日本経済新聞出版社
東京都千代田区大手町 1・3・7 〒100-8066
電話(03)3270-0251(代)　https://www.nikkeibook.com/

ブックデザイン
二ノ宮 匡

本文 DTP
マーリンクレイン

印刷・製本
中央精版印刷

本書の無断複写複製(コピー)は、特定の場合を除き、
著作者・出版社の権利侵害になります。
定価はカバーに表示してあります。落丁本・乱丁本はお取り替えいたします。
©Yuka Aoki, 2018
Printed in Japan　ISBN978-4-532-19880-0

nbb 好評既刊

30の発明からよむ世界史

造事務所=編著
池内 了=監修

酒、文字、車輪、飛行機、半導体……私たちの身の回りのものにはすべて歴史がある。原始から現代までを30のモノでたどる面白世界史。

30の発明からよむ日本史

池内 了=監修
造事務所=編著

日本は創造と工夫の国だった! 縄文土器、畳、醤油から、カラオケ、胃カメラ、青色発光ダイオードまで、30のモノとコトでたどる面白日本史。

池上彰のやさしい経済学 1
しくみがわかる

池上 彰
テレビ東京報道局=編

お金はなぜ「お金」なの? 経済を動かす見えざる手って? 講義形式のやさしい解説で、知識ゼロから経済のしくみ・世界情勢が丸わかり!

池上彰のやさしい経済学 2
ニュースがわかる

池上 彰
テレビ東京報道局=編

バブルって何だったの? 円高と産業空洞化って? 年金は、消費税はどうなる? 経済ニュースが驚くほどよくわかる! 待望の第二弾。

池上彰の18歳からの教養講座

池上 彰
日本経済新聞社=編

日々のニュースを読み解く鍵は現代史にあり。安保法制や「イスラム国」の台頭など、世界の今と未来について池上先生とやさしく学びます。

nbb 好評既刊

山一證券の失敗

石井 茂

山一證券の最期を見届け、その後、ソニー銀行の創業経営者となった著者が、山一自主廃業までの顛末と日本企業共通の「失敗の本質」を抉る。

キャリアを手放す勇気

石井てる美

東大を卒業し、マッキンゼーに就職。そしてお笑い芸人へ——。死を意識するほどの挫折に直面した著者の、学歴や肩書きに縛られない生き方。

名著で学ぶ戦争論

石津朋之＝編著

古今東西の軍事戦略・国家戦略に関する名著50点を精選し、そのエッセンスをわかりやすく解説する、待望の軍事戦略ガイド完成！

15歳からの経済入門

泉 美智子
河原和之

「景気が悪い悪いって、誰のせいなの？」——身の回りの素朴な疑問から、経済の根っこをやさしく解説。見てわかる、読んで楽しい、楽習書！

デジタル人本主義への道

伊丹敬之

新たな経済危機に直面した日本。バブル崩壊後の失われた10年に、日本企業の選択すべき道を明示した経営改革論を、今再び世に問う。

好評既刊

ビームス戦略
川島蓉子

セレクトショップの老舗ビームス。創業30年を越えてなお顧客を引きつける秘密は？ ファン必読！ ファッションビジネスが見える！

心に響く勇気の言葉100
川村真二

信念を貫いた人たちが遺した名言から生きるヒントを読み解く！ "よい言葉"から意識が生まれ、行動が変わる。明日が変わる。

58の物語で学ぶ リーダーの教科書
川村真二

どんな偉大なリーダーでも、みな失敗を重ねながら成長している――様々な実話を通してリーダーに必要なスキル、心のあり方を指南する。

80の物語で学ぶ働く意味
川村真二

誰もが知っているあの人も悩んだ末に自分の道をみつけた。エピソードと名言を通し、生きることと働くことの意味を考える人生アンソロジー。

60分で名著快読 クラウゼヴィッツ『戦争論』
川村康之

戦略論の古典として『孫子』と並ぶ『戦争論』。難解なこの原典が驚くほど理解できる！ 読んで挫折した人、これから読む人必携の解説書。

nbb 好評既刊

BCG流 経営者はこう育てる

菅野 寛

「いかに優秀な経営者になり、後進を育てるか」。稲盛和夫や柳井正などとの議論をもとに、「経営者としてのスキルセット」を提唱する。

経営の失敗学

菅野 寛

経営に必勝法はないが、失敗は回避できる。負けないための戦略、成功確率を上げる方法とは——BCG出身の経営学者による経営指南書。

その日本語は間違いです

神辺四郎

「汚名を挽回する」——実はこれは誤用です。決まり文句から諺・格言・漢字の書き間違いまで、これだけ覚えればビジネスマン合格。

ビジネスで失敗する人の10の法則

ドナルド・R・キーオ
山岡洋一＝訳

もし当てはまれば、仕事は高確率で失敗だ——コカ・コーラの元社長が60年超の仕事経験から導き出す法則とは。著名経営者、絶賛の書。

組織は合理的に失敗する

菊澤研宗

個人は優秀なのに、なぜ〝組織〟は不条理な行動に突き進むのか？ 旧日本陸軍を題材に、最新の経済学理論でそのメカニズムを解く！

nbb 好評既刊

「3人で5人分」の成果を上げる仕事術

小室淑恵

残業でなんとかしない、働けるチームをつくる、無駄な仕事を捨てる……。限られた人数と時間で結果を出す、驚きの仕事術を大公開！

FOCUS 集中力

ダニエル・ゴールマン
土屋京子＝訳

「集中力」こそが成功に欠かせない能力だ——。世界的ベストセラー『EQ』著者が、私たちの人生を左右する力の謎としくみを解き明かす。

35歳からの勉強法

齋藤 孝

勉強は人生最大の娯楽だ！ 音楽・美術・文学など興味ある分野から楽しく教養を学び、仕事も人生も豊かにしよう。齋藤流・学問のススメ。

人はチームで磨かれる

齋藤 孝

皆が当事者意識を持ち、創造性を発揮し、助け合うチームはいかにしてできるのか。その実践法を、日本人特有の気質も踏まえながら解説。

すぐれたリーダーに学ぶ言葉の力

齋藤 孝

傑出したリーダーの言葉には力がある。世界観と哲学、情熱と胆力、覚悟と柔軟さ——。賢人たちの名言からリーダーシップの本質に迫る。

nbb 好評既刊

戦略プロフェッショナル

三枝 匡

日本企業に欠けているのは戦略を実戦展開できる指導者だ。市場シェアの大逆転を起こした36歳の変革リーダーの実話から描く改革プロセス。

経営パワーの危機

三枝 匡

変革のリーダーがいない。危機感がない。崩壊寸前の企業を甦らせた若き戦略型経営者の実話に基づくストーリーからマネジメントの真髄を説く。

V字回復の経営

三枝 匡

「V字回復」という言葉を流行らせた話題の書。実際に行われた組織変革を題材に迫真のストーリーで企業再生のカギを説く。

ドラッカーさんが教えてくれた経営のウソとホント

酒井綱一郎

新しい成長の糧の発見、イノベーションの収益化が、経営の最重要課題——。3度のインタビューを基に探る経営革新のヒント。

歴史からの発想

堺屋太一

超高度成長期「戦国時代」を題材に、「進歩と発展」の後に来る「停滞と拘束」からいかに脱するかを示唆した堺屋史観の傑作。

好評既刊

渋沢栄一 愛と勇気と資本主義

渋澤 健

渋沢家5代目がビジネス経験と家訓から考える、理想の資本主義とは。『渋沢栄一』とヘッジファンドにリスクマネジメントを学ぶ」を改訂文庫化。

渋沢栄一 100の金言

渋澤 健

「誰にも得意技や能力がある」「目前の成敗は人生の泡にすぎない」――日本資本主義の父が遺した、豊かな人生を送るためのメッセージ。

人生100年時代の らくちん投資

渋澤 健・中野晴啓・藤野英人

少額でコツコツ、ゆったり、争わない、ハラハラしない。でも、しっかり資産形成できる草食投資とは？ 独立系投信の三傑が指南！

太陽活動と景気

嶋中雄二

自然科学と社会科学の統合に挑戦した意欲作を、ついに文庫化。太陽活動が景気循環に大きな影響を与えていることを実証する。

経済の本質

ジェイン・ジェイコブズ
香西泰・植木直子＝訳

経済と自然には共通の法則がある――。自然科学の知見で経済現象を読み解く著者独自の視点から、新たな経済を見る目が培われる一冊。

nbb 好評既刊

リーダーは最後に食べなさい！

サイモン・シネック
栗木さつき=訳

TEDで視聴回数３位、全世界で3700万回以上再生された人気著者が、部下から信頼されるリーダーになるための極意を伝授。

How Google Works

エリック・シュミット
ジョナサン・ローゼンバーグ
ラリー・ペイジ=序文

すべてが加速化しているいま、企業が成功するためには考え方を全部変える必要がある。グーグル会長が、新時代のビジネス成功術を伝授。

フランス女性は太らない

ミレイユ・ジュリアーノ
羽田詩津子=訳

過激なダイエットや運動をせず、好きなものを食べて楽しむフランス女性が太らない秘密を大公開。世界300万部のベストセラー、待望の文庫化。

フランス女性の働き方

ミレイユ・ジュリアーノ
羽田詩津子=訳

シンプルでハッピーな人生を満喫するフランス女性。その働き方の知恵と秘訣とは。『フランス女性は太らない』の続編が文庫で登場！

Becoming Steve Jobs 上・下

ブレント・シュレンダー
リック・テッツェリ
井口耕二=訳

アップル追放から復帰までの12年間。この混沌の時代こそが、横柄で無鉄砲な男を大きく変えた。ジョブズの人間的成長を描いた話題作。

nbb 好評既刊

名作コピーに学ぶ
読ませる文章の書き方

鈴木康之

「メガネは、涙をながせません」（金鳳堂）、「太ければ濃く見える」（資生堂）──。名作コピーを手本に、文章の書き方を指南する。

文章がうまくなる
コピーライターの読書術

鈴木康之

40年以上広告界の第一線で活躍する著者が、様々な名著・名コピーを取り上げ、読ませる文章を書くための、上手な読み方を指南。

ゴルファーは
開眼、閉眼、また開眼

鈴木康之

コピーライターで、ゴルフ研究家としても知られる著者が、もっと上質なプレーヤーになるために役立つ賢者の名言を紹介。

ビジネス版
これが英語で言えますか

デイビッド・セイン

「減収減益」「翌月払い」「著作権侵害」など、言えそうで言えない英語表現やビジネスでよく使われる慣用句をイラスト入りで紹介。

中学英語で通じる
ビジネス英会話

デイビッド・セイン

文法や難しい言葉は会話の妨げになるだけ。上級の表現が中学1000単語レベルで簡単に言い換えられる。とっさに使える即戦スキル。